AF308273

Namen, Schauplätze und Geschehnisse in *Mordsfälschung* sind Fantasieprodukte des Autors und werden rein fiktional verwendet.

Jede Ähnlichkeit mit tatsächlichen Ereignissen, Schauplätzen oder Personen, ob lebendig oder tot, wäre rein zufällig.

Matti Gold

Mordsfälschung

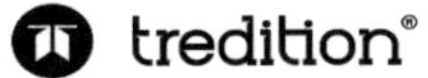

©2014 Matti Gold

mordsfaelschung@gmx.de

Entwurf Cover: Matti Gold. Gestaltung: UlinneDesign, 48485 Neuenkirchen

Abbildungen Cover: ©maglara – fotolia; ©zerbor - fotolia

Verlag: tredition GmbH, Hamburg

ISBN: 978-3-8495-7956-2

Printed in Germany

Bibliografische Information der Deutschen Nationalbibliothek: Die Deutsche Nationalbibliothek verzeichnet diese Publikation in der Deutschen Nationalbibliografie; detaillierte bibliografische Daten sind im Internet über http://dnb.d-nb.de abrufbar.

So eine Fälschung muss man nur in ein Museum geben.

Dann lässt man sie lange genug hängen und dann ist sie eines Tages echt.

Elmyr de Hory

Kunstsachverständige werden leider selten richtig gehängt. *Kurt Tucholsky*

1.

Seit mehr als drei Monaten hatte sie nichts mehr angerührt. Ihr Schreibtisch lag unter einer dicken Staubschicht. Ein Jahr lang hatte sie die einschlägige Literatur durchforstet, hatte Dutzende von Gesprächen mit Museumsleuten, Händlern, Kunst-Experten und der Polizei geführt und dabei Unmengen von Material zusammengetragen. Jetzt wurde es zeitlich eng. In zwei Wochen musste sie ihrem Doktorvater die bisherigen Ergebnisse ihrer Arbeit präsentieren - oder aber eine sehr gute Ausrede.

Als erstes befreite sie ihren Schreibtischstuhl von einem windschiefen Stapel Bücher und allerlei Unterlagen. Sie setzte sich, drehte sich eine Weile und betrachtete die Materialberge, die sich in einem Radius von gut einem Meter rund um den Arbeitsplatz türmten. Eine erste Maßnahme wäre es, den Schreibtisch aufzuräumen. Dann könnte sie die Stapel am Fußboden durchsehen. Es kostete sie noch etliche Ablenkungsmanöver und mehrere Tassen Kaffee, bis sie endlich loslegte.

Sie trug die Staubschichten ab und begann, die verstreuten Notizen, Listen, Fotos und Zeitungsausschnitte der letzten Monate durchzusehen und zu ordnen.

Unter einem der Stapel fand sie auch das lang vermisste ʽKunstfälschers Handbuchʼ wieder. Sie blieb amüsiert an einem Absatz hängen, den sie gelb markiert hatte: „1562 bekam ein Fälscher nicht nur lebenslänglich (…), er kam an den Pranger, es wurden ihm die Ohren abgeschnitten, ein Nasenloch wurde aufgeschlitzt und sein Land eingezogen."

Gegen Abend wusste sie wieder, was der letzte Stand war, welche Überlegungen zur Struktur der Arbeit sie schon angestellt hatte, welche Kapitel geschrieben oder zumindest angelegt waren und wie es weitergehen könnte. Alles, was sich in den letzten Monaten angesammelt hatte, war fein säuberlich auf die entsprechenden Themen-Ordner verteilt.

Wahrscheinlich hatte sich vor ihr noch nie jemand so gründlich mit dem Thema der Fälschung in der Kunst beschäftigt. Sie hatte versucht, alle wichtigen Aspekte zu berücksichtigen. Was zeichnete ein Original aus? Was eine Kopie, eine Replik, eine Nachbildung? Was war eine Variante, eine Variation, eine Fassung, was ein Pasticcio, ein Plagiat, eine Fälschung? War der Kult um das Original nur ein clever inszenierter Popanz?

Beim Aufräumen fand sie auch den Ordner zu den `Daten und Fakten´ wieder. Kenner der Szene schätzten, hieß es in einem einschlägigen Artikel, dass es sich bei mindestens siebzig Prozent aller am Kunstmarkt kursierenden Objekte um Falschware handelt. Davon werden aber nur zwei Prozent jemals enttarnt.

Herstellung und Vertrieb von Fälschungen sind also ein lukratives und nahezu risikofreies Metier - der ideale Tummelplatz für windige Betrüger, die sich ein wenig in der Kunstszene auskennen oder sich zumindest von erfahrenen und betrugsaffinen Kunst-Experten beraten lassen. In Deutschland werden Produktion und Vertrieb von Kunstfälschungen immer noch wie eine Art Kavaliersdelikt behandelt. Dasselbe gilt für das Ausstellen falscher Expertisen, also der Dokumente, die Fälschungen erst marktgängig machen.

Ein Fälscher muss im unwahrscheinlichen Fall seiner Enttarnung nur mit einer kleinen Bewährungsstrafe rechnen. Und ein sogenannter Experte, der Fälschungen mit Expertisen ausstattet, hat sogar gar keine Konsequenzen zu befürchten. Expertisen sind Gutachten 'ohne Gewähr'. Wird eine Fälschung samt falscher Expertise enttarnt, braucht der Experte nur stur darauf zu beharren, dass er aufgrund seiner ganz persönlichen 'stilkritischen Kriterien' von der Echtheit des Werks überzeugt sei - und ist aus dem Schneider.

Es war inzwischen zwei Uhr nachts und das Thema hatte sie wieder gepackt.

2.

Vor vier Monaten war ihr Lieblings-Onkel gestorben, der wichtigste Mensch in ihrem Leben. Von ihm hatte sie fast alles, was von Belang war, gelernt: Lesen, Schwimmen, Segeln, Kochen, Zelten, Feuer machen, Ski laufen und natürlich alles über die Kunst. Er hatte sie von klein auf mit zu Kunstauktionen geschleppt, zu Ausstellungen in Galerien, Museen und Künstlerateliers. Sie sei das einzige Kind auf der Welt, das ihn nicht nervte, meinte er einmal - und er war der einzige Erwachsene, den sie wirklich ernst nehmen konnte. Beiden war hohles Geschwätz und Lärm aller Art unerträglich. Sie verständigten sich meist wortlos, oft nur mit einem kurzen Seitenblick. Sie mochten dieselben Menschen und fanden dieselben indiskutabel.

Und nun war er tot. Tagelang lag sie apathisch auf dem Sofa und ging in Gedanken wieder und wieder die letzten Telefonate durch. Er hatte sie noch wenige Stunden vor seinem Tod angerufen. Eigentlich hatte er wie immer geklungen. Seltsam fand sie, dass er in der Mittagszeit anrufen hatte. Sonst rief er prinzipiell nach neun Uhr abends an. Auf ihre Frage, was denn los sei, knarzte er etwas ungehalten, nichts, gar nichts sei los, er wolle nur an ihre Verabredung am Samstag erinnern. Sie hatte daraufhin im Scherz gefragt, ob sie schon jemals ein Treffen mit ihm vergessen hätte.

Sie hätte sich sofort ins Auto setzen müssen, um nach ihm zu sehen. Irgendetwas bedrückte ihn, das spürte sie. Wie sich später herausstellte, war es am Vormittag nach einem schrecklichen Streit zum endgültigen Bruch mit seiner Tochter gekommen.

Eine Woche nach der Beerdigung erhielt sie die Mitteilung, dass sie, Lucienne Lampert, von ihrem Onkel als Erbin eingesetzt worden war. Er hatte ihr eine größere Summe Bares und ein Wertpapierdepot vermacht. Mit der Annahme der Erbschaft, so erklärte ihr der Notar, gehe sie allerdings eine besondere Verpflichtung ein, die die Kunstsammlung ihres Onkels betraf. Seinem letzten Willen zufolge sollte seine Sammlung als Dauerleihgabe an ein Museum gehen. Es müsste ein Haus sein, das sich die Werke nicht nur einverleiben, sondern sich verpflichten würde, sie in einem bestimmten Turnus angemessen zu präsentieren. Ein seriöses Museum sollte es sein, mit dem Schwerpunkt Kubismus. Er hatte hierzu einige Notizen hinterlassen, sowohl zu den in Frage kommenden Museen wie auch zu seinen Ausstellungsideen. Eine abschließende Meinung hatte er sich noch nicht gebildet. Wie jeder andere gesunde Sechzigjährige war er davon ausgegangen, dass ihm noch viel Zeit für seine letzten Verfügungen bleiben würde.

Das Testament sah unter anderem vor, dass Luc sich durch eine mindestens einmonatige Mitarbeit im Museum ihrer Wahl davon überzeugen sollte, dass es sich um eine wissenschaftlich und finanziell gut aufgestellte Institution handelte. Erst danach und nach ihrem uneingeschränkt positiven Votum sollte alles Weitere durch den Notar abgewickelt werden. Ihr Onkel hatte in seinen Ideenskizzen drei Museen benannt, darunter eines, das in relativer Nähe zu Köln lag. Das Haus hatte eine stadtgeschichtliche Abteilung und eine, die einem Vertreter des Kubismus gewidmet war, Maurizio Mink. Mink war vor über hundert Jahren im Städtchen Mohndorf als Moritz Mink zur Welt gekommen, war aber nach seiner Schulzeit nach Italien ausgewandert.

Luc selbst hatte es noch nie nach Mohndorf verschlagen, obwohl der Ort nur circa hundert Kilometer von Köln entfernt lag. Die Negativ-Schlagzeilen um einen Bauskandal hatte sie nur am Rande zur Kenntnis genommen. Ihr Onkel allerdings hatte die Vorgänge um die Museums-Eröffnung, den Größenwahn der Kleinstadt-Politiker, vor allem aber die Schlagzeilen um die Millionen, die beim Bau des Museums in dunklen Kanälen verschwunden waren, genau beobachtet und mehrfach mit bissigen Kommentaren bedacht. Einige Monate vor seinem Tod war aber eine neue Leiterin für die Kubismus-Abteilung eingestellt worden. Er kannte sie aus einem anderen Zusammenhang und schätzte ihre Arbeit. In der Folge fielen seine Kommentare etwas milder aus. Vielleicht könnte es ja doch noch was werden mit dem Laden, meinte er einmal mit einer hochgezogenen Augenbraue.

Im Vergleich zu den anderen Häusern auf der Liste hatte dieses Museum einen entscheidenden praktischen Vorteil: Sie würde für ihr Praktikum nicht ans andere Ende Deutschlands ziehen müssen, sondern könnte in Köln bleiben und parallel zum Job weiter an ihrer Dissertation werkeln. Zwei bis drei Stunden Fahrt pro Arbeitstag wären für die Dauer eines Monats gut auszuhalten, dachte sie. Sie vereinbarte mit der neuen Leiterin einen Termin, um in Erfahrung zu bringen, ob überhaupt Interesse an der Sammlung ihres Onkels bestünde und ob sie probeweise für ein paar Wochen im Museumsteam mitarbeiten könne.

Schon wenige Tage später war alles in trockenen Tüchern. Sie konnte ihr Praktikum Anfang Januar antreten. Ihre Aufgabe würde darin bestehen, der Leiterin der Sammlung im Tagesgeschäft zu assistieren und die Inventarisierung einer alten Sammlung in Angriff zu nehmen.

Die Sammlung ihres Onkels wäre dem Museum ebenso willkommen wie Lucs Mitarbeit, hieß es kurz darauf auch ganz formell von Seiten des Generaldirektors, Dr. Midas Reismann-Stilz.

3.

In der Nacht war der Winter eingebrochen, und zwar mit aller Macht. Nach einer zweistündigen, zum Teil lebensgefährlichen Fahrt traf sie um neun Uhr auf dem Mitarbeiter-Parkplatz des Museums ein.

Die Mink-Sammlung war im vorderen Seitenflügel untergebracht. Erst vor kurzem hatte man diesen Teil des Hauses saniert, umgebaut und das Ganze mittels der üblichen Weiße-Klötzchen-Architektur auf modisch-museal getrimmt. Die Substanz war allerdings nach wie vor sichtlich marode. Der neue Verputz blätterte bereits vielerorts wieder großflächig ab. Derart feuchtes Gemäuer und das bei einem Museum mit Ölgemälden, hochempfindlichen Zeichnungen und Graphiken?

Der Eisregen wurde heftiger und sie beeilte sich, zum Verwaltungseingang zu gelangen. Obwohl es schon kurz nach neun Uhr war, schien sie das einzige menschliche Wesen auf dem gesamten Museumsareal zu sein. Das Haus wirkte seltsam unbelebt und abweisend. Irgendwie hat das alles ein ganz schlechtes Karma, dachte sie, als sie sich den Schnee von den Hosenbeinen schüttelte und läutete. Der Summer ertönte und sie drückte die Tür auf. Ein junges Mädchen schälte sich gerade aus ihrem Mantel und den Gummistiefeln. Ihr Name sei Frida, stellte sie sich vor, und sie arbeite hier während der Ferien als Schülerpraktikantin.

Schon etwas seltsam, dass man eine Schülerin hier ganz allein in der Verwaltung sitzen lässt, dachte Luc leicht irritiert.

In den Büros herrschte gähnende Leere. Die Schreibtische waren verwaist, die Computerbildschirme und Tastaturen abgedeckt.

Das sei hier normal, meinte Frida mit ironischem Unterton, als sie Lucs Blick bemerkte. Und vor elf sei außer ihr sowieso nie jemand da. Sie führte Luc erst einmal durch die Büroräume, zeigte ihr die Bibliothek, das kleine Archiv und die Teeküche. Bei einem Kaffee erfuhr Luc alles, was Frida über die hausinternen Abläufe und die übrigen Mitarbeiter wusste. Sie berichtete auch von einem Autounfall ihrer Chefin, der sich kurz vor den Feiertagen ereignet hatte. Sie sei schwer verletzt worden und liege immer noch im Krankenhaus, fügte sie bedrückt hinzu.

Am Ende des Rundgangs fragte Luc nach dem Lagerort der Sammlung, die sie inventarisieren sollte. Frida zuckte bedauernd mit den Schultern. „Ich habe nicht die geringste Ahnung, aber wir können ja gemeinsam danach suchen." Das fängt ja gut an, dachte Luc. Kein Arbeitsplatz, keine Sammlung, keine Chefin und dann auch noch diese dumpfe, beklemmende Atmosphäre. Alles andere als vertrauenerweckend, der Laden ...

Gegen elf Uhr trudelte der stellvertretende Leiter der Sammlung ein. Sein Name war Hessler. Er gab Luc vom ersten Moment an zu verstehen, dass sie hier nur ein höchst ungern geduldetes Subjekt war. Eine verwöhnte, reiche Göre, die dank einer Laune des Schicksals über eine millionenschwere Kunstsammlung verfügen konnte, drückte sein gehässiger Blick unmissverständlich aus.

Er glaubte offenbar, einem imaginären Publikum lautstark erläutern zu müssen, dass er ab sofort die Geschicke des Hauses lenken würde. Luc musste sich zusammenreißen, um angesichts seiner verschwurbelten Formulierungen und übertriebenen Gestik nicht die Augen zu verdrehen. Offenbar ein Größenwahnsinniger, dachte sie, einer, der glaubt, der Job des stellvertretenden Abteilungsleiters in einem Provinzmuseum sei so etwas ähnliches wie der des Weltenherrschers.

Besonders irritierend war, dass er während seines gesamten Monologs etwa fünfundvierzig Grad an den beiden jungen Frauen vorbei sah. Immerhin hatten sie so die Gelegenheit, ihr Gegenüber ausgiebig zu mustern. Er war klein, gedrungen, stark übergewichtig und hatte teigig-verschwommene Gesichtszüge. Er sonderte einen beißenden Geruch ab, der seinem Gegenüber selbst auf zwei Meter Entfernung den Atem nahm: Eine gefährliche Spezialmischung aus Mottenkugeln, Nikotin, altem Haartalg und noch älterem Schweiß. Die kleinen Augen flatterten nervös unter den schwer überhängenden Augenlidern. Aus dem schmallippigen Mund ragten bräunliche Zahnstümpfe, das Resthaar war gelbstichig blondiert.

Er hatte den seltsamen Tick, beim Reden den kurzen Hals in die Höhe und das Kinn nach vorne zu recken. Luc überlegte gerade, an welchen Vogel sie diese zuckende und gleichzeitig pickende Bewegung erinnerte, als Hessler seinen Vortrag unvermittelt abbrach, sich wie ein Roboter umdrehte, den Raum verließ und die Tür hinter sich zu donnerte.

„Na so was. Eigentlich wollte ich von ihm nur erfahren, wo ich meinen Arbeitsplatz einrichten kann, wo sich die Sammlung befindet und wann er mich einarbeitet", meinte Luc irritiert und belustigt zugleich. Sie ahnte schon, dass sie auf keine ihrer Fragen eine Antwort erhalten würde, nicht heute, nicht morgen und nicht irgendwann.

„Die Sache mit dem schlechten Karma wäre damit schon mal geklärt", meinte sie lakonisch zu Frida.

Während ihres Studiums hatte sie eine ganze Reihe von Museums-Praktika absolviert und dabei immer wieder mit den branchentypischen schrägen Vögeln zu tun gehabt. Aber dieses Exemplar hier toppte wirklich alles. Sie nahm sich vor, einen möglichst großen Bogen um Hessler zu machen, wann immer es möglich war.

Die restlichen Stunden ihres ersten Arbeitstages nutzte sie dazu, die Museumssäle und die dort ausgestellten Werke kennenzulernen. Sie blätterte die Kataloge des Hauses durch und stellte sich den Mitarbeitern an der Kasse und im Café vor. In den Ausstellungsräumen lief ihr mehrfach eine hochblondierte, hektisch wirkende Frau vom Architekturbüro über den Weg. Frida hatte am Vormittag unter anderem berichtet, dass nun schon zum dritten Mal nach dem Umbau massive Baumängel beseitigt werden mussten. Offenbar hatte man von Architekten- und Bauherrenseite her ganz vergessen, bei der vorgeblichen Sanierung die marode Bausubstanz zu berücksichtigen. Nicht bekannt war, wo die für die Sanierungsmaßnahme freigegebenen Millionen abgeblieben waren. Allerdings schien das auch niemanden ernsthaft zu interessieren. Diejenigen, deren Job es gewesen wäre, nachzufragen, wie beispielsweise der Baudezernent oder die Opposition, waren offensichtlich ruhig gestellt worden.

Am Vormittag wurde eine niederländische Seniorengruppe durch das Museum geschleust, am Nachmittag ein Damenkränzchen, das ähnlich gelangweilt wirkte wie die Besucher vom

Vormittag. Schon nach zwanzig Minuten Museumsluft steuerten sie das Café mit dem üppigen Kuchenbuffet an. Besucher waren in diesem Museum offenbar generell Mangelware.

Frida hatte am Vormittag erwähnt, dass die jährlichen Besucherzahlen auch nach diversen Manipulationen an der Statistik nur im vierstelligen Bereich lagen - inklusive all der Schulkinder, die zwangsweise durch das Haus geschleust wurden.

Als erstes nahm sie die technische Ausstattung der Ausstellungsräume unter die Lupe. Die hohe Luftfeuchtigkeit in den Räumen war deutlich spürbar. Wie sah es in Sachen Bildsicherungen aus? Gab es eine Videoüberwachung, Brandmelder, ausreichend Wachleute? Sie rüttelte vorsichtig an einigen Bildern und hob sie leicht an. Die Bilder waren nur an einfachen Haken aufgehängt, Bildsicherungen gab es nicht. Die kleineren Formate hätte sie also problemlos von der Wand nehmen und in ihre Handtasche stecken können. An diesem Nachmittag war ein einziger Wachmann für das gesamte Haus eingeteilt. Eine Videoüberwachung existierte nicht.

Eigentlich hatte sie schon an diesem ersten Tag genug gesehen. Sie wollte der Sache aber eine faire Chance geben und zumindest so lange warten, bis sie mit der Leiterin gesprochen hatte und sich ein Bild davon machen konnte, wohin es mit dem Haus gehen sollte.

Ihre Hoffnung, direkt beim ersten Anlauf den richtigen Ort für die Sammlung ihres Onkels zu finden, war wohl ein wenig zu optimistisch gewesen.

4.

Am nächsten Tag versuchte sie erneut, Hessler auf die anstehende Inventarisierung anzusprechen. Immerhin hatte sie inzwischen herausgefunden, dass sich die in Rede stehende Sammlung im Keller befand. Die Kellertür war jedoch mit einem dicken, verrosteten Vorhängeschloss abgesperrt. Hessler ließ sie auf ihre Frage nach dem Schlüssel mit einem genervten 'nicht jetzt' abblitzen. Auf ihre per Email wiederholte Frage erhielt sie keine Antwort. Gut, dachte sie, dann versuchen wir es eben auf einem anderen Weg. Sie machte sich auf die Suche nach dem Hausmeister. Und tatsächlich, Hausmeister Kaczmarek half ihr bereitwillig aus und vertraute ihr seinen Kellerschlüssel an. Wenig später stieg sie gemeinsam mit Frida die morsche Holztreppe in den Keller hinab, um die Sammlung in Augenschein zu nehmen und sich einen ersten Überblick zu verschaffen.

Eine einzelne, nackte Glühbirne erleuchtete den zugemüllten Raum. Alles war voller Dreck und Spinnweben. An verschiedenen Stellen tropfte es von der Decke und am Boden hatten sich bereits kleine Wasserlachen gebildet. Der Geruch, der ihnen entgegen schlug, nahm ihnen schier den Atem.

„Es riecht nach Moder und Verwesung - man möchte gar nicht wissen, was hier alles in den Ecken liegt", meinte Luc und presste sich ein Taschentuch vor die Nase.

Sie stieß gegen einen am Boden stehenden Entfeuchter. Mit einem glucksenden Geräusch schwappte die eingedickte, gelbe Brühe gegen die Wände des Geräts. Auf der Wasseroberfläche trieben allerlei undefinierbare Partikel und ein paar Dutzend tote Insekten. Auch auf dem Grafikschrank türmten sich Abfälle aller Art. Vorsichtig zog sie eine Schublade nach der anderen auf. Sie hatte schon fast erwartet, dass der Zustand der Objekte nicht der allerbeste sein würde, aber der Anblick dieser Sammlung war einfach nur erschreckend. Fast sämtliche Graphiken, Fotos und Zeichnungen waren feucht, viele mit Schimmel überzogen. Einige waren in den seitlichen Schubladenlauf geraten. Offenbar hatte man sie mit Gewalt in bereits überfüllte Fächer gequetscht. Die Schäden waren verheerend: Die Zeichnungen und Graphiken waren geknickt, geknautscht und eingerissen. Kleine schwarze Käfer, aufgescheucht vom ungewohnten Licht, krabbelten über die Blätter.

„Das muss wohl alles erst einmal zum Restaurator. Ich glaube aber nicht, dass da noch viel zu retten ist", meinte Luc tonlos. Im hinteren Bereich des Raums standen einige großformatige Leinwände. Sie waren von Spinnweben und Schimmel überzogen und lehnten nackt und bloß an der feuchten Kellerwand. Offenbar handelte es sich um Jugend- und Frühwerke von Meister Mink.

In einer anderen Ecke des Raums entdeckten sie hinter Umzugskartons eine niedrige Abstellkammer. Am Boden lagen durcheinandergewürfelt circa zwanzig alte Ordner der Mohndorfer Stadtverwaltung. Einer davon war mit `Mink´ beschriftet. Luc zog ihn mit spitzen Fingern hervor und nahm ihn mit in den Hauptraum, um ihn unter der Glühbirne etwas genauer unter die Lupe zu nehmen. Der Ordner enthielt neben allgemeiner Büro-Korrespondenz einige Dokumente aus den achtziger Jahren, die vielversprechend aussahen. Es handelte sich um Rechnungen zu Ankäufen des Museums bei einer Kölner Kunsthandlung.

Die Rechnungen wiesen den Ankauf einiger sehr teurer Fotografien aus. Rechnungsempfänger war die Stadtverwaltung Mohndorf, als Lieferadresse war das Museum angegeben.

„Dem Preis nach müssten das absolute Spitzenfotos sein. Im Museum hängen sie nicht, das wäre mir gestern sofort aufgefallen. Aber dann müssten sie doch eigentlich hier im Schrank zu finden sein, oder?" meinte Luc und runzelte die Stirn.

„Das kann ich mir nicht vorstellen. Warum sollte man wertvolle Fotos in diesem Feuchtbiotop vergammeln lassen?" gab Frida zurück.

Luc legte die Stirn in Falten. „Möglicherweise, weil sie im Grunde wertlos sind", deutete sie an.

In der untersten Schublade des Schranks fanden sie schließlich die Fotos, die zu den Rechnungen gehörten. Dank der Titel auf den Rückseiten ließen sie sich leicht zuordnen. Frida nahm sie vorsichtig aus der Schublade und legte sie auf dem Tisch aus.

„Genau das habe ich vermutet", murmelte Luc. „Diese Rechnungen belegen den Ankauf sogenannter Vintages, also von Erstabzügen aus den dreißiger oder vierziger Jahren. Tatsächlich haben wir hier aber Abzüge vor uns, die bestenfalls aus den achtziger Jahren stammen. Das heißt: Sie wurden als vorgebliche Vintages zu Höchstpreisen angekauft, sind aber nicht viel mehr wert als Kopien aus dem Copy-Shop."

Der Verkäufer der Fotos war laut Rechnungskopf ein Kunsthändler namens Wolpertinger. Der Herr war kein Unbekannter für Luc. Ihr Onkel hatte sie in ihrer Jugend - wohl zur Schulung ihres

Urteilsvermögens - nicht nur durch die seriösen, sondern auch durch die als unseriös geltenden Auktionshäuser, Kunsthandlungen und Galerien des Landes geschleppt.

Wolpertinger war im Rheinland berühmt-berüchtigt als Verkäufer von Kunst-Kitsch der übelsten Sorte. Luc waren die bronzenen Frauenfiguren, die sich hüllenlos auf Großwildkatzen und anderem Trägermaterial räkelten, noch in lebhafter Erinnerung. Man könne es kaum glauben, hatte ihr Onkel die Schaufensterauslage von Wolpertinger kommentiert, aber dieses unsägliche Zeug verkaufe sich wie geschnitten Brot.

Neben der großen Auswahl an Erotik-Kitsch war Wolpertinger spezialisiert auf Deals der besonders diskreten Art, also auf Kunstkäufe in bar und ohne Rechnung. Offenbar gab es im Einzugsgebiet der Galerie viele Kunstfreunde mit rauen Mengen an Schwarzgeld unterm Kopfkissen, die es gern in Wolpertingers Hallen trugen. Die Geschäfte liefen auf jeden Fall wie geschmiert.

Zur Begrüßung und Auflockerung gab es bei Wolpertinger erst einmal das eine oder andere Gläschen `Puffbrause´, wie der Händler sein Lieblingsgetränk mit einem peinlich-anbiedernden Augenzwinkern nannte. Auch Luc und ihrem Onkel wurde bereits beim Betreten der Galerieräume ein Glas aufgenötigt. Ihr Onkel hatte kühl abgelehnt. Ihm waren Gestalten wie Wolpertinger zuwider.

Im Allgemeinen wurde der nichts Böses ahnende, potentielle Wolpertinger-Kunde erst einmal leicht alkoholisiert und dann geschickt auf seine Kaufkraft und Zahlungs-Gewohnheiten hin abgeklopft, erklärte ihr Onkel später.

Im Beisein der vielfach gelifteten und blondierten Gattin Wolpertinger, die die Aufgabe hatte, für kreischend gute Laune und einen nicht versiegenden Nachschub an Schampus zu sorgen, wurde dann zügig ein Verkauf angebahnt, und zwar so, dass der Kunde gar nicht richtig mitbekam, wie ihm geschah.

5.

Am nächsten Morgen versuchte Luc erneut, Hessler auf die Bestandsliste anzusprechen. „Es gibt keine Liste. Es ist alles hier drin", antwortete er mit gepresster Stimme und klopfte sich heftig gegen die rechte Schläfe. Luc beobachtete interessiert die großen, sich dunkelrot einfärbenden Flecken, die sich in Sekundenschnelle vom Stummelhals über das ganze Gesicht ausbreiteten. Hessler bemerkte ihren Blick, verzog die Augen zu Schlitzen und warf ihr einen hasserfüllten Blick zu. Dann drehte er sich abrupt um und warf die Tür hinter sich zu.

Luc sah ihm entgeistert nach. „Gute Güte. Den reitet wirklich der Teufel. Natürlich existieren Listen, und zwar mit Sicherheit nicht nur in seinem Kopf", meinte sie zu Frida.

In der Mittagspause berichtete Frida, dass er im vergangenen Sommer dasselbe Spiel mit der neuen Chefin gespielt habe. „Er hat einfach alles weggeschafft, was auch nur ansatzweise als Grundlage für eine seriöse Arbeit hätte dienen können", berichtete Frida. „Warum er das gemacht hat, konnte ich mir damals nicht erklären."

„Da fallen mir nach unserem Kellerfund direkt ein paar gute Gründe ein", meinte Luc. „Nehmen wir mal an, getürkte Ankäufe wie im Fall der Fotos waren nicht die Ausnahme, sondern die Regel. Was, wenn man genau das anhand der fehlenden Listen belegen könnte? Das wäre doch schon Grund genug, die Listen und vieles andere verschwinden zu lassen."

„Schau, was ich gefunden habe." Frida wedelte mit ein paar ver-
gilbten Seiten, die offenbar schon vor längerer Zeit hinter den Se-
kretariats-Schreibtisch gerutscht waren. „Das ist zwar leider keine
Bestandsliste, aber immerhin eine Liste mit diversen Versicherungswerten. Nicht ganz frisch, nämlich aus dem Jahr 1992 und
noch mit Schreibmaschine geschrieben. Aber vielleicht hilft sie dir
weiter. Immerhin weißt du so schon mal grob, was unten im Keller
zu finden sein sollte und wie die Sammlung versichert ist."

„Hervorragend", murmelte Luc, als sie die Liste überflog. Die
Aufstellung verzeichnete Hunderte von Graphiken und Fotos sowie einige Dutzend Gemälde, Zeichnungen und Skulpturen. Neben den aufgelisteten Objekten war jeweils handschriftlich ein Versicherungswert eingetragen. Es handelte sich durchwegs um erstaunlich hohe Beträge.

Maße, Zustandsbeschreibung, Ankaufsdatum, Kaufpreis und
weitere wichtige Angaben fehlten hingegen. Sie setzte sich mit der
Liste an den Rechner und rief ein Kunstauktionsportal auf, um
Vergleichswerte abzufragen. Und tatsächlich: Die Versicherungs-
liste des Museums führte sogar bei Blättern, die in inflationär hohen Auflagen von mehreren hundert Exemplaren auf dem Markt
waren und deren Zustand beklagenswert schlecht war, Preise von
zehntausend Mark und mehr auf.

„Schau, das hier ist ein schönes Beispiel: Der Erhaltungszustand
dieser Graphik, gelistet bei einem Kölner Auktionshaus, ist gut
vergleichbar mit unserem Exemplar. Sie wird zu einem durchaus
angemessenen Preis angeboten, nämlich für weniger als tausend
Euro. In unserer Liste hingegen ist für die gleiche Graphik aus derselben Auflage ein Wert von fünfzehntausend Mark angegeben,

also gut das siebenfache", meinte sie. „Ankaufs-Betrügereien wie im Fall der Keller-Fotos sind in manchen Museen ja leider gang und gäbe, da sie lukrativ und diskret zugleich sind, aber es macht irgendwie keinen Sinn, falsche Werte bei der Versicherung anzugeben. Im Schadensfall bekommt man schließlich nicht den Wunschwert eines Objekts, sondern nur den Marktwert erstattet."

Frida blickte sie fragend an.

„Bei getürkten Rechnungen, beispielsweise im Fall der Fotos im Keller läuft es im Allgemeinen so: Händler und Museums-Mitarbeiter sprechen sich vor dem Kauf dahingehend ab, dass der Händler einen deutlich überhöhten Preis für die Ware, in diesem Fall die vermeintlichen `Vintages´, in Rechnung stellt. Die Stadt Mohndorf begleicht die Rechnung, nachdem der Kurator sie als sachlich richtig abgezeichnet hat. Händler und Museumsmann teilen sich dann den Reibach. So etwas kommt leider immer wieder vor, gerade in kleineren Häusern, wo fast alles in einer Hand liegt und es keinerlei Kontrollen gibt.

Die Sache mit den Versicherungswerten hingegen kann ich mir nicht so recht erklären. Es bringt niemandem etwas, wenn Bilder für die Versicherung zu hoch angesetzt werden. Das bedeutet letztlich nur, dass das Museum eine viel zu hohe Versicherungsprämie zahlen muss. Und warum sollte jemand das in Zeiten knapper Budgets wollen?" fragte Luc. „Vielleicht sollten ja die überhöhten Ankaufspreise verschleiert werden?"

Frida zuckte mit den Schultern. „Irgendeinen Vorteil wird der Herr daraus gezogen haben, so viel ist sicher."

6.

Die morgendliche Fahrt blieb auch in der zweiten Arbeitswoche gefährlich und nervenaufreibend und sie machte jedes Mal erleichtert drei Kreuze, wenn sie die Strecke heil überstanden hatte. Im nächsten Winter würde sie sich endlich Winterreifen zulegen oder, besser noch, direkt ein neues Auto, beschloss sie. Sie stellte den Motor ab, lehnte sich zurück und schaute für einen Moment den Schneeflocken nach, die langsam auf die Windschutzscheibe herabsegelten. Gerade als sie aussteigen wollte, fiel direkt neben ihr eine Autotüre ins Schloss. Eine zierliche junge Frau mit schwarzem Pagenschnitt kam auf sie zu.

„Du musst Luc sein", sprach die junge Frau sie an, „Frida hat mir gemailt, dass du seit letzter Woche hier bist. Willkommen erst einmal. Ich bin Hanna."

Hanna hatte ihren Job als Volontärin vor knapp sieben Monaten angetreten, fast zeitgleich mit der neuen Leiterin, erfuhr Luc bei einem gemeinsamen Kaffee. Das Arbeitspensum war in den ersten Monaten kaum zu bewältigen, berichtete sie. Sie hätten oft bis tief in die Nacht gearbeitet, um zumindest eine Basis für die künftigen Aufgaben zu schaffen. Der Zustand der Verwaltung war katastrophal, es gab keine Ausstellungs- und Budgetplanung. Und natürlich noch nicht einmal eine Liste der Bestände. Zudem schimmelte das Haus trotz der vorgeblich erfolgten Sanierung weiter vor sich hin. Kurz: es brannte an allen Ecken und Enden. Hessler, fuhr Hanna fort, habe in dieser Zeit vor allem durch häufige Abwesenheit oder aber totale Arbeitsverweigerung geglänzt.

„Aber du hast ihn ja sicher schon erlebt. Ein Beamter, der seinen Status weidlich ausnutzt. Er feiert monatelang krank oder gibt vor, von zu Hause aus zu arbeiten. Kurz: Er tut und lässt, was ihm gefällt. Man mag das gar nicht kommentieren. Das sogenannte Team besteht also nur aus Frida, der Schüler-Praktikantin, die ein wahrer Goldschatz ist, und mir. Frida ist aber leider nur während der Schulferien hier. Und ich, ich habe zwar einen Magister, bin aber Berufsanfängerin. Dann ist da noch eine Frau Otter, ebenfalls Beamtin. Sie wird von einem hohen Kulturbunds-Heini protegiert und hält es ähnlich wie Hessler. Will sagen, sie ist fast nie da. Und dann gibt es noch unseren Hausmeister Kaczmarek, der nett und hilfsbereit ist, aber leider nicht der allerhellste.“

„Ein wahres Profi-Team also“, grinste Luc. „Berufserfahrung trifft auf leidenschaftliches Engagement und Effizienz. Und um das Dreamteam zu komplettieren, gibt es mit mir jetzt noch eine weitere Praktikantin. Eine, die aber nur einen Monat bleibt und euch wohl keine große Hilfe sein wird. Es geht um eine Sammlung, die meinem Onkel gehört hat ...“, sagte sie und stockte, besorgt, dass Hanna ihre Worte falsch verstehen könnte.

„Ich weiß Bescheid. Die Chefin hat mir vor Weihnachten kurz von dir erzählt und dabei erwähnt, dass dein kluger Onkel deine Mitarbeit zur Auflage gemacht hat“, meinte sie ernst. „Es ist wichtig, dass du dir ein genaues Bild von der Lage hier machst.“ Luc nickte und sah Hanna prüfend von der Seite an. Sie mochte ihre ruhige, kluge Art. Sie würden sich gut verstehen.

„Apropos, wie waren sie denn so, deine bisherigen Erfahrungen und Eindrücke?“ fragte Hanna.

„Ziemlich verheerend." Luc berichtete vom Fund der getürkten Rechnungen, vom Zustand der Sammlung im Keller, vom Fehlen selbst einer simplen Bestandsliste und den auffällig hohen Versicherungswerten.

„Die Sammlung unten im Keller habe ich mir im letzten Sommer zusammen mit der Chefin angesehen. Wir haben allerdings nur einen kurzen Blick drauf geworfen und uns dann so schnell wie möglich wieder davon gemacht", meinte Hanna. „Die Sache mit den Rechnungen ist mir neu. Wir sind aber auch nicht bis in die hintersten Ecken des Kellers vorgedrungen."

„Seltsam, dass es niemanden interessiert, dass da unten alles vor sich hin rottet", meinte Luc. „Selbst wenn die Sammlung nicht gerade übermäßig bedeutend ist - es handelt sich immerhin um öffentliches Kulturgut, das pfleglich behandelt werden sollte. Aber wie auch immer. Für mich ist eigentlich jetzt schon klar, dass aus der Sache mit unserer Familiensammlung nichts wird. Mein Onkel würde sich im Grabe umdrehen, wenn seine geliebten Bilder hier vergammeln. Ich überlege, ob ich nicht vorzeitig kündige und das Praktikum zum Ende dieser Woche beende. Es macht keinen Sinn, hier meine Zeit zu verschwenden, während sich bei mir zuhause die Arbeit stapelt."

„Mir geht es ähnlich. Mich hält hier nichts mehr. Mein Volontariat ist eine einzige Vollkatastrophe. Ich habe hier allenfalls gelernt, wie Museumsarbeit nicht laufen sollte. Insbesondere seit unsere Sekretärin gekündigt hat, werde ich nur noch als Bürokraft verheizt, die für ein Taschengeld die gesamte Verwaltungsarbeit macht."

Sie stieß einen leisen Seufzer aus. „Nur für den Fall, dass du doch noch ein paar Tage länger bleibst: Da gibt es ein paar Dinge, die du wissen solltest, bevor du dich an die Arbeit machst. Wenn du magst, können wir uns heute oder morgen Abend nach der Arbeit treffen. Dann erzähle ich dir in Ruhe, was ich weiß."

7.

Am Abend ging es im Schneckentempo zurück nach Köln. Das Schneechaos hatte den abendlichen Berufsverkehr fast komplett lahmgelegt.

„Ich hoffe, die geringfügige Unordnung dort drüben stört dich nicht", entschuldigte sich Luc für ihren leicht chaotisch wirkenden Arbeitsplatz. Ordner und Bücher stapelten sich inzwischen in einem Radius von über zwei Metern rund um den Schreibtisch.

„Es sieht aus, als wäre hier eine Bombe explodiert", antwortete ihre ordnungsliebende Kollegin streng.

„Dabei ist das schon die Version post quem, also der Zustand nach dem großen Aufräumen. Du hättest das Ganze vor drei Wochen sehen sollen", meinte Luc lachend.

Nach zwanzig Minuten standen eine Pizza, ein Salat und eine Flasche Wein auf dem Tisch und Hanna begann zu berichten.

„Es war Anfang Dezember. Meiner Chefin war beim Gang durch die Ausstellung etwas Seltsames aufgefallen. Mit einem der Bilder stimmte etwas nicht. Aber der Reihe nach: Ein paar Tage zuvor war ihr beim Neuausrichten der Beleuchtung ein Fleck auf einem der großformatigen Bilder im Hauptsaal ins Auge gefallen. Der Fleck saß oberhalb einer deutlich sichtbaren Delle auf der Leinwand, in der rechten, oberen Ecke des Bildes. Sie machte ein Foto davon und nahm sich vor, die Restauratorin zu bitten, sich die Stelle bei Gelegenheit einmal genauer anzusehen.

Zwei Tage später hatte sie erneut in diesem Saal zu tun und traute ihren Augen nicht: Das Problem hatte sich im wahrsten Sinne des Wortes von selbst erledigt.

Die fleckige Stelle und auch die Delle waren verschwunden. Macken dieser Größenordnung können aber bekanntermaßen nur in einem aufwändigen Verfahren beim Restaurator entfernt werden. Dieses wie durch Zauberhand restaurierte Gemälde war also definitiv nicht mehr das Original, das dort noch bis vor wenigen Tagen gehangen hatte. Es hatte das Haus aber seit der Entdeckung von Fleck und Delle definitiv nicht verlassen - zumindest nicht auf offiziellem Wege!

Am nächsten Tag fragte sie so beiläufig wie möglich bei Hessler nach, ob es aktuell irgend einen Restaurierungs-Bedarf gegeben habe und wie seine Planung für die nächsten Monate aussehe. Sie sei gerade dabei, das Budget für das laufende Jahr zu überarbeiten. Hessler blaffte sie in seiner üblichen garstigen Art an, das sei sein Ressort und sie solle sich gefälligst nicht einmischen."

Luc schenkte Hanna etwas Wein nach und schnitt zwei weitere Stücke aus der Pizza. „Und? Wie ist sie weiter vorgegangen?" fragte sie.

„An dem Punkt kam ich ins Spiel. Sie hat mir ihre Beobachtungen geschildert und mir die vorher-nachher-Fotos gezeigt. Sie hatte ein kleines Notizbuch und ihre private Digitalkamera von zu Hause mitgebracht und erläuterte mir, was sie vorhatte. Sie wollte die übrigen Originale, oder zumindest das, was man zu diesem Zeitpunkt dafür halten musste, markieren.

Das Ganze sollte natürlich absolut diskret vonstatten gehen. Die Wachleute und Hessler durften nichts mitbekommen. Als Hessler nachmittags um drei das Haus verlassen hatte und wir sicher waren, dass der Wachmann sich auf dem Stuhl im Eingangsbereich niedergelassen hatte, haben wir uns alle Mink-Gemälde ab einem bestimmten Marktwert aufwärts vorgeknöpft. Wir haben sie markiert, minimalinvasiv, jedes Bild an einer anderen Stelle. Die Chefin hat den jeweiligen Markierungspunkt abfotografiert und ich habe die genaue Platzierung der Markierung bei jedem der Bilder sicherheitshalber auch noch mal schriftlich festgehalten. Und da es bei uns weder Bildsicherungen noch Videoüberwachung gibt, konnten wir alles in Ruhe und unbehelligt abarbeiten. Uns war klar, dass einige der Bilder, die wir gerade markiert hatten, bereits ausgetauscht sein könnten. Wir haben also nur den Status quo dieses Tages dokumentiert.

Nach einer guten Stunde waren wir durch. Es waren insgesamt fünfzehn Bilder, die in der Preisliga von Hunderttausend Euro aufwärts in Frage kamen. Danach haben wir die Bilddaten von der Kamera auf das Notebook und einen Stick gezogen. Die Chefin hat mir den Stick, ihre Kamera und das Notizbuch anvertraut und mich gebeten, beides sicherheitshalber bei mir zu Hause aufzubewahren. Einerseits war sie natürlich der Meinung", fuhr Hanna fort, „dass sie den Vereinsvorstand über ihre Beobachtungen in Kenntnis setzen müsste, andererseits befürchtete sie, dass sie eine Lawine lostreten könnte. Es hatte in Sachen Gebäudesanierung schon genügend Ärger zwischen ihr und dem Vereinsvorstand gegeben und sie wollte einen weiteren Streit vermeiden. Kurz vor Weihnachten zog sie dann aber doch einen der Vereinsbosse, diesen Typen vom Kulturbund, ins Vertrauen - was wohl ein fataler

Fehler war. Sie hat die Meldung des Sachverhalts übrigens mit der dringenden Aufforderung verbunden, dass jetzt umgehend eine Video-Überwachung und Bildsicherungen installiert werden müssten."

„Und, wie hat der Typ reagiert?" fragte Luc, als Hanna ihren Bericht für einen Schluck Wein und einen Bissen Pizza unterbrach.

„Er hat ihre Beobachtungen als `überspannte Fantasterei´ abgetan. Er wollte sich noch nicht einmal die Beweisfotos ansehen. Sie sollte ihre Haltung zu ihrer Arbeit überdenken, war sein einziger Kommentar. Sie meinte, das hätte fast wie eine Drohung geklungen."

„Aber was wollte er damit sagen? Dass sie über solch läppische Details wie ein entwendetes Original großzügig hinwegsehen sollte?" fragte Luc konsterniert.

„Anders kann man es kaum interpretieren. Was bedeuten würde, dass Direktion und Beirat möglicherweise knietief in eine sehr, sehr schmutzige Affäre verstrickt sind. Und das wiederum lässt vermuten, dass es vielleicht kein Zufall war, als es genau einen Tag später zu diesem schrecklichen Unfall kam. Nach dem Gespräch mit diesem Typen hat sie noch eine Aktennotiz geschrieben, mit dem Inhalt, dass sie den Vorstand über ihre Beobachtungen informiert und ihn zum Handeln aufgefordert hat. Und dass sie jede Verantwortung für weitere ausgetauschte beziehungsweise entwendete Bilder ablehnt, wenn sie nicht umgehend die notwendige technische und personelle Ausrüstung erhält.

Am nächsten Abend geschah dann der Unfall, Versagen der Bremsen, wie es heißt. Am Tag drauf bezog Hessler, ohne mit der

Wimper zu zucken und ohne die Mitarbeiter zu informieren, ihr Büro", fuhr sie nach einer kurzen Pause fort. „Hausmeister Kaczmarek musste ihre persönlichen Dinge in einen Karton packen und irgendwo im Rathaus-Keller verstauen."

Schweigend widmeten sie sich den Resten der inzwischen kalt gewordenen Pizza.

„Wenn wir in den nächsten Tagen freie Bahn haben, setzen wir eure Arbeit fort", meinte Luc schließlich. „Vielleicht waren die Fälscher und ihre Helfershelfer ja über die Weihnachtstage fleißig."

8.

Schon am nächsten Tag schien die Gelegenheit günstig. Hessler war seit der Mittagspause im Feierabend, Otter feierte schon die ganze Woche krank, Hausmeister Kaczmarek hatte einen freien Tag und der einsame Wachmann war auf seinem Stuhl im Eingangsbereich eingenickt. Kein Besucher, nirgends.

Hanna hatte ihr Notebook, das kleine Notizheft und die Kamera ihrer Chefin mitgebracht. Als Erstes sahen sie sich die im Dezember geschossenen Fotos auf dem Bildschirm im Büro an, vergrößerten die markierten Stellen und druckten die relevanten Details aus. Zurück im Museum arbeiteten sie dann konzentriert ein Bild nach dem anderen ab. Luc hielt bei jedem Bild den Ausdruck mit dem Zustand des Bildes im vergangenen Monat bereit und verglich ihn mit dem derzeitigen Zustand. Hanna machte je zwei Vergleichsfotos, eines der Gesamtansicht und ein weiteres der markierten Stelle, falls noch vorhanden. Luc notierte unterdessen Hannas Anmerkungen und die Ansage `Markierung ok´ oder aber `Markierung fehlt´. Nach einer halben Stunde stand fest, dass vier weitere Bilder nicht mehr mit denjenigen identisch waren, die Hanna und ihre Chefin vor einem Monat dokumentiert hatten. Inzwischen gab es also mindestens fünf falsche Bilder im Museum.

Zurück im Büro spielte Hanna die neuen Bilddaten von der Kamera auf ihr Notebook und ordnete sie in ihrer Liste den Aufnahmen des vergangenen Monats zu. „Das Spiel geht also munter weiter. Und ich wette mit dir, es wird nicht bei diesen fünf falschen Bildern bleiben."

„Am besten wäre es, wenn wir die Sammlung ab jetzt ein Mal pro Woche überprüfen. Und ab sofort sollten wir peinlich genau darauf achten, nichts, aber auch gar nichts Persönliches mehr im Büro liegen zu lassen. Nicht das Notebook oder den Stick, die Kamera oder das Notizheft."

„Einerseits will ich natürlich wissen, wie es mit diesen Raubzügen weitergeht und wie weit es die Täter noch treiben. Wer steckt dahinter? Andererseits frage ich mich ernsthaft, was ich hier noch soll. Es macht keinen Sinn, eine halb verrottete Sammlung zu inventarisieren, zu der keinerlei zuverlässige Angaben existieren. Zudem ist meine Entscheidung zu unserer Familien-Sammlung längst gefallen."

Hanna verstand nicht, worauf sie hinaus wollte. „Das heißt?"

„Ich würde gern noch das eine oder andere zu diesen Fälschungen in Erfahrung bringen, bevor ich kündige. Ich weiß aber noch nicht genau, wie ich das anstellen soll, ohne ein Risiko einzugehen. Vielleicht wäre es aber hilfreich, wenn wir das Ganze einmal mit einer vertrauenswürdigen Person besprechen könnten. Mit jemandem aus der Branche."

„Ich glaube, ich habe da eine Idee", meinte Hanna nach kurzem Nachdenken. „Die Chefin hatte am Abend vor ihrem Unfall einen Termin bei einer befreundeten Restauratorin in Köln. Und ich bin mir sicher, dass es bei dem Treffen um genau dieselben Fragen ging wie die, die wir uns gerade stellen."

9.

„Sie erinnern sich sicher - meine Chefin war kurz vor Weihnachten bei Ihnen. Es ging um ein Bild aus unserer Sammlung, das eine Beschädigung in der Farbschicht und einer Delle aufwies. Zwei Tage später waren diese Macken im wahrsten Sinne des Wortes von der Bildfläche verschwunden. Ganz so, als wäre das Bild zwischenzeitlich aufwändig restauriert worden."

Die Restauratorin nickte. „Ja, ich erinnere mich natürlich genau. Das Original ist ganz offensichtlich gegen eine Fälschung ausgetauscht worden."

„Aber das war nur der Anfang." Hanna fuhr ihr Notebook hoch und öffnete ihre Liste. Die Restauratorin schaute die Vorher-Nachher-Gegenüberstellungen aufmerksam durch.

„Das lässt nur einen Schluss zu: Die Originale sind gegen gute, aber eben nicht ganz perfekte Fälschungen ersetzt worden. In einem seriösen Umfeld müsste man mit dieser Information sofort zur Museumsleitung oder zur Polizei gehen. Aufgrund der speziellen Verhältnisse in Mohndorf kann ich aber nur dringend davon abraten. Wir haben es hier ganz offensichtlich mit Profis zu tun, und zwar mit hervorragend vernetzten Profis. Es ist größte Vorsicht geboten. Für mich sieht das alles nach einem gut organisierten Fälscher-Ring mit verlängertem Arm ins Museum aus. Man muss davon ausgehen, dass eine Person im Museumsteam in die genaue zeitliche Planung und Organisation des jeweiligen Austauschs eingebunden ist. Diese Person kennt die Sammlung und den Marktwert der Bilder, sie kennt die Räumlichkeiten und ist im Besitz der nötigen Schlüssel und Codes."

„Schon allein wegen der komplizierten Sicherheitsschlösser und Berechtigungen ist der Kreis der möglichen Täter sehr überschaubar", meinte Luc und warf Hanna einen kurzen Seitenblick zu.

„Genau das meinte Ihre Chefin auch. Offenbar besitzen nur drei Personen die Codes für die Alarmanlage sowie die nötigen Zugangsschlüssel für das Museum."

„Und seit die Chefin im Krankenhaus liegt, sind es nur noch zwei", antwortete Hanna.

„Mich würde interessieren, wie es überhaupt möglich ist, dass die Fälscher derart gute Fälschungen hinbekommen", fragte Hanna. „Mit dieser Präzision kann man doch unmöglich nach einem Foto oder einer Abbildung aus einem Katalog kopieren."

„Dahinter steckt ein alter Fälschertrick", erklärte die Restauratorin. „Es stimmt: Zur Anfertigung wirklich guter Fälschungen reichen im Allgemeinen ein Foto respektive Bilddaten nicht aus. Die Fälscher setzen daher für gewöhnlich alles daran, für ein paar Tage oder Wochen in den Besitz des Originals zu kommen. Das kann leicht über den im Museum arbeitenden Kurator oder Restaurator organisiert werden. Der wird geschmiert, wenn er nicht sowieso schon mit in der Sache steckt. Er gibt dann gegenüber der Museumsleitung vor, dass das Bild für ein paar Tage oder Wochen in die Restauratoren-Werkstatt muss. Die Sammlungspflege liegt üblicherweise in einer Hand, und wenn gerade dieser Mitarbeiter der Verbindungsmann der Bande ist, kann problemlos ein Bild nach dem anderen außer Hauses gegeben werden, ohne dass auch nur irgend jemand Verdacht schöpft.

Das Original wird nach dem Kopieren erst einmal zurück ins Museum gebracht. Denn das neu gemalte Bild muss noch durchtrocknen und gegebenenfalls einen speziellen Firnis erhalten. Es wird meist noch einem Alterungsprozess unterzogen, was erneut einige Wochen in Anspruch nehmen kann. Der eigentliche Austausch, also das Einbringen der Fälschung ins Museum und der gleichzeitige Diebstahl des Originals, erfolgt im Allgemeinen erst Monate später."

„Das erklärt natürlich so einiges", nickte Hanna. „Ich weiß aus sicherer Quelle, dass im vergangenen Frühjahr sämtliche Gemälde von Wert zum Restaurator gebracht worden sind. Eines nach dem anderen. Einer der Wachmänner hat es mir erzählt. Er hat Hessler in den höchsten Tönen gelobt, weil der ein so vorbildlicher Mitarbeiter sei und der neuen Chefin eine perfekte Grundlage für ihre Arbeit geschaffen habe."

Luc schnaufte hörbar. „Ja, wirklich absolut vorbildlich ..."

„Nehmen wir mal an, es war tatsächlich so: Die Bilder wurden vorgeblich zum Restaurator gebracht, tatsächlich aber in einer Fälscherwerkstatt nach allen Regeln der Kunst kopiert. Im Anschluss hat man die Originale erst einmal zurück ins Museum gebracht. Der eigentliche Austausch der Originale findet erst jetzt statt.

So ein Austausch ist aber eine recht aufwändige Angelegenheit. Für einen kompletten Durchgang von der Abnahme des Originals von der Wand über das Ausrahmen, das Einrahmen der Fälschung bis hin zum Anbringen an die Wand muss man etwa eine Stunde pro Bild veranschlagen. Das würde auch erklären, warum jeweils nur eines oder zwei Bilder auf einmal ausgetauscht werden", meinte die Restauratorin.

„Jetzt verstehe ich auch, warum sich gewisse Leute in der Vergangenheit immer so vehement gegen Bildsicherungen und Videoüberwachung ausgesprochen haben. Beides hätte den Austausch der Bilder deutlich erschwert."

Die Restauratorin nickte. „So ein Raubzug wird von langer Hand vorbereitet. Und dabei werden selbstverständlich auch die Sicherungs- und Überwachungssysteme in die Planung mit einbezogen. Entscheidend für das Gelingen des Plans ist aber vor allem die Auswahl des Malers. Von seinem Talent und seiner Genauigkeit hängt viel ab. Der Maler dieser Fälschungen hier scheint nicht ganz unbegabt zu sein. Im Fälscher-Business ist er aber eindeutig nicht sehr erfahren. Denn dann hätte er diesen kleinen Macken mehr Aufmerksamkeit gewidmet. Gerade an solchen vermeintlichen Kleinigkeiten scheitern Fälscher nämlich besonders gern. Der eine vergisst kleine Beschädigungen zu kopieren, wie unser Mohndorfer Fälscher, der nächste verwendet Titanweiß auf einer Breughel-Fälschung, obwohl diese Farbe erst im 20. Jahrhundert entwickelt wurde ...", meinte sie achselzuckend und schenkte etwas Kaffee nach.

„Kann man eigentlich davon ausgehen, dass Fälschungen eher durch derartige Tausch-Aktionen in Museumssammlungen gelangen als durch die - sagen wir mal - Inkompetenz von Kuratoren, die auf die Fälschungen reinfallen?" wollte Hanna wissen.

Die Restauratorin nickte. „Ich persönlich kenne keinen Fall, in dem ein auch nur halbwegs fähiger Kunsthistoriker trotz einer sorgsamen Prüfung auf eine Fälschung `hereingefallen´ wäre. Wenn verantwortungsvoll geprüft wird, ist jede Fälschung zu enttarnen. Und zwar mithilfe von Stilkritik, genauer Provenienzprüfung und chemischer Analyse. Das Problem ist aber, dass es einige Museumsleute, Experten und Auktionatoren gibt, die sich ganz gezielt dumm stellen, wenn sie eine Fälschung auf den Tisch bekommen.

Benennt man nämlich eine Fälschung als solche und weist sie zurück, entgeht einem oft ein sehr lukratives Geschäft. Es ist also keineswegs so, dass diese Fachleute „auf Fälschungen hereinfallen", wie oft in der Presse zu lesen ist. Die Leute wissen sehr genau, was sie tun. Und das heißt vor allem: Wegschauen und gleichzeitig ordentlich die Hand aufhalten.

Es gibt einen Experten in Deutschland, der bekannt dafür ist, dass er Bildern eine 1A-Expertise verpasst, ohne sie auch nur im Original gesehen zu haben. Man schickt ihm ein Foto und einen Scheck und bekommt dafür postwendend eine Expertise für das Bild zugesandt. Dieser Herr lehnt es übrigens rundherum ab, chemische Analysen bei der Begutachtung zu berücksichtigen. Er hält es auch nicht für nötig, die Provenienz von Bildern zu prüfen - zumindest nicht, wenn ihm für sein Abnicken und die Expertise eine sechsstellige Summe geboten wird. Ich denke, Sie kennen den Herrn."

Luc und Hanna nickten.

„Was an Ihrem Haus läuft, ist in gewisser Weise ein Sonderfall in Sachen Fälschungen", fuhr sie fort. „Normalerweise werden Fälschungen über Auktionshäuser angeboten. Die Betrüger können dabei zumeist darauf setzen, dass die Auktionatoren das eine oder andere Auge zudrücken. Schließlich wollen sie vor allem Umsatz machen. Der Weg über das Auktionshaus birgt für Fälscher aber doch auch ein gewisses Risiko. Wenn sie Pech haben, forscht ein Kaufinteressent nach und entdeckt, dass mit dem Bild etwas nicht stimmt. Oder der Auktionator ist wider Erwarten doch gewissenhaft oder fürchtet den Skandal und lehnt das Bild ab.

Das Einfädeln einer Fälschung in eine öffentliche Sammlung dagegen ist nahezu risikofrei, wenn man es geschickt anpackt und etwas Glück hat. Sie beide hätten beispielsweise nie etwas von den Vorgängen in ihrem Museum erfahren, wenn der Zufall Ihnen nicht zur Hilfe gekommen wäre. Hätte sich Ihre Chefin nicht gerade an jenem Tag vor dem Austausch im entsprechenden Ausstellungssaal aufgehalten und wäre der Spot nicht genau auf die beiden kleinen Beschädigungen ausgerichtet gewesen und hätte sie zwei Tage später nicht im selben Saal zu tun gehabt und dabei das Fehlen der schadhaften Stellen bemerkt, wäre dieser gesamte, offenbar groß angelegte Austausch sicher unbemerkt geblieben.

Aber selbst wenn so ein Fall museumsintern auffliegen würde, könnten Sie sicher sein, dass davon nichts nach außen dringt. Kein Museum würde einen derartigen Fall im eigenen Haus publik machen. Bedenken Sie nur die Negativpresse, die öffentliche Häme und die Rufschädigung. Der Ruf des Hauses wäre ruiniert. Solche Fälle werden ganz einfach totgeschwiegen, insbesondere natürlich, wenn die ganze Führungsriege in die Betrügereien involviert ist."

Sie räumte die Kaffeetassen zusammen. „Man hört immer mal

wieder von solchen Vorgängen. Wie es aussieht, ist die Dunkelziffer sehr hoch. Was für Rückschlüsse das auf die Seriosität mancher Museums-Mitarbeiter erlaubt, das zu beurteilen überlasse ich Ihnen", fügte sie hinzu.

„Diese Leute scheinen die Bilder als eine Art Freiwild zu betrachten. Herrenlose Millionenwerte, die man sich einfach so von den Museumswänden pflücken kann", meinte Hanna.

„Im Grunde müssten öffentlich finanzierte Museen ihre Bestände alle paar Jahre von einem unabhängigen Restauratorenteam checken lassen", fügte Luc hinzu. „Man stelle sich vor: Ahnungslose Museumsbesucher stehen landauf, landab ehrfürchtig vor angeblich bedeutenden Werken und lobpreisen das Genie des jeweiligen Künstlers - und dabei stehen sie nur vor mehr oder weniger plumpen Fälschungen."

„Der Bürger ist gleich in mehrfacher Hinsicht der Betrogene. Er zahlt für die Anschaffung der Werke, ihre Aufbewahrung, Pflege und Restaurierung. Er kommt für die Bezüge der Museums-Angestellten auf und zahlt natürlich auch Jahr für Jahr Abermillionen für das ganze Drumherum: Betriebsausgaben, Sonderausstellungen, Vernissagen, Reisen der Kuratoren und weiß der Kuckuck was noch. Wir alle finanzieren solchen Ganoven wie den Mohndorfern die perfekte, unschuldig aussehende Kulisse, hinter der sie in aller Seelenruhe ihre schmutzigen Geschäfte abwickeln können."

„Mich beschäftigt aber noch eine andere Frage", hakte Hanna nach. „Was geschieht eigentlich mit Bildern, die aus einem Museum gestohlen werden? Wie finden die Täter Käufer für ihre heiße Ware?"

„Heiß ist die Ware ja nur, wenn sie als gestohlen gemeldet worden ist. Und genau das ist in Mohndorf nicht der Fall. Außer Ihnen beiden, den Tätern und mir weiß niemand etwas vom Austausch. Diebesgut aus Museen, das nicht als gestohlen gemeldet wurde, lässt sich in der Regel sogar sehr gut verkaufen. Das Gütesiegel ‚Museumsprovenienz‘ ist in gewissen Kreisen sogar ein echter Kassenschlager. Die Echtheits-Gutachten werden meist direkt mit aus den Museen entwendet und ebenfalls gefälscht", erklärte die Restauratorin. „Damit dann alles wieder seine Richtigkeit hat.

Aber ich komme noch einmal zurück zu Ihrer eigentlichen Frage. Sie wollten meinen Rat hören. Es ist fraglos kriminell, was sich in Mohndorf abspielt. Und ich kann gut nachvollziehen, dass Sie in Erfahrung bringen möchten, wer hinter der Sache steckt, wer die Fälschungen produziert und wohin die geraubten Originale verbracht werden. Aber ich muss Ihnen dringend davon abraten, der Sache weiter nachzugehen. Sie würden sich in große Gefahr bringen.

Aus meiner Sicht ist jetzt nur eines wichtig, nämlich dass Sie dort so schnell wie möglich rauskommen. Kündigen Sie, lassen Sie sich krankschreiben und vergessen Sie in der verbleibenden Zeit nie, dass sie es mit Profis zu tun haben. Solche Leute gehen über Leichen, insbesondere wenn sie den Eindruck haben, dass ihnen jemand das Geschäft vermasseln will", wiederholte sie eindringlich. „Das ist leider der einzige Rat, den ich Ihnen geben kann."

10.

Meine Entscheidung ist doch längst gefallen, dachte sie, während sie sich schlaflos im Bett hin und her wälzte, was also will ich noch dort? Ich werde unsere Sammlung ganz sicher nicht nach Mohndorf geben. Ich vergeude nur meine Zeit. Andererseits - irgend jemand muss doch dokumentieren, was da gespielt wird.

Im Halbschlaf kam ihr der Raub der Mona Lisa in den Sinn. War der Ablauf der Tat in Paris nicht eine Art Blaupause für den Diebstahl der Mohndorfer Bilder? Sie versuchte sich an Details zu erinnern, insbesondere an die Frage, worüber die Betrüger am Ende gestolpert waren.

Schließlich quälte sie sich wieder aus dem Bett und begann, ihre Unterlagen zu durchforsten. Sie wurde fündig unter `erster großer Kunstraub des 20. Jahrhunderts´. Das Ganze las sich wie ein Krimi. Man schrieb das Jahr 1910. Das berühmte Werk von Leonardo da Vinci hing friedlich im Salon Carré des Louvre. Schon damals war es ein Publikumsmagnet und zog Scharen von Kunstliebhabern, Touristen und Hobbymalern an.

Einer Überlieferung zufolge heckte in jenem Sommer ein Ganoven-Pärchen, ein Pariser Kunstfälscher und sein brasilianischer Partner, einen raffinierten Plan aus. Sie wollten mit der Mona Lisa das Geschäft ihres Lebens machen. Sie hatten ihre Masche, Kunstwerke direkt von der Museumswand weg zu verkaufen, schon etliche Male erfolgreich durchexerziert, allerdings in einer anderen Liga, also mit weniger bedeutenden Werken als der Mona Lisa.

Normalerweise liefen die Coups des Pärchens wie folgt ab: Ein kunstverrückter Sammler, der möglichst weit vom Tatort entfernt lebte, also beispielsweise in den USA, wurde diskret darüber in Kenntnis gesetzt, dass in Kürze dieses oder jenes einzigartige Kunstwerk durch nicht ganz legale Machenschaften `verfügbar´ gemacht würde. Der Kunde war somit, wenn auch nur bis zu einem gewissen Grad, in das kriminelle Vorhaben eingeweiht. Reklamationen und rechtliche Auseinandersetzungen waren dadurch von vornherein ausgeschlossen.

Nach den Vorgesprächen mit dem Kunden lief der Rest wie von selbst. Man vereinbarte einen gemeinsamen Besichtigungstermin im Museum. Ein Museumswärter wurde mit einem ordentlichen Trinkgeld überzeugt, sich für einige Minuten diskret in einen Nebensaal zurückzuziehen. Der Kunde durfte dann auf der Rückseite des Bildes, nur für ihn selbst sichtbar, ein Zeichen anbringen. So sollte er sich sicher wähnen, dass er später auch tatsächlich genau dieses von ihm persönlich markierte Original erhielt. In Wahrheit war die Rückseite des Bildes von den Gaunern vorher so manipuliert worden, dass die oberste Schicht leicht abgenommen werden konnte.

Vor der Übergabe des vermeintlichen Originals an den Käufer wurde diese mobile Schicht einfach auf die Rückseite der frisch gemalten Fälschung montiert. Der Käufer erhielt also nicht das Original, für das er viel Geld bezahlt hatte, sondern eine hübsche Fälschung, auf der sich die aufgeklebte Rückseite mit seiner eigenen Markierung befand. Das Original verblieb während der gesamten Zeit im Museum. Dem ahnungslosen Käufer wurde als Beweis für den vorgeblichen Raub des Kunstwerks eine gefälschte Zeitung mit einem Bericht über den Kunstraub zugesandt. Die Vor-Internet-Ära und das Fehlen wissenschaftlicher Untersuchungsmethoden machten solche Tricks leicht möglich.

Die Betrüger kassierten die vereinbarte Summe von ihrem Kunden, übergaben ihm die Fälschung, während das Original weiter friedlich im Museum hing. Der Käufer wähnte sich im Besitz einer einzigartigen, zudem brandheißen Ware und die Fälscher hatten mit geringem Aufwand viel Geld verdient. Kurz: Alle waren zufrieden. Eine sympathische Variante, dachte Luc, zumindest kam so kein Original zu Schaden.

Im Fall der Mona Lisa mussten die Gauner ihren bewährten Trick allerdings leicht abwandeln, und zwar aufgrund des hohen Bekanntheitsgrads des Werks. Das Objekt der Begierde musste diesmal nicht nur vorgeblich, sondern tatsächlich gestohlen werden. Eine einzelne gefälschte Zeitung würde nicht ausreichen, um den oder die Kunden glauben zu machen, dass er oder sie wirklich das Original in Händen hielten. Bei einem derart spektakulären Fall wie der Mona Lisa konnte man als Käufer mit Fug und Recht erwarten, dass die gesamte Weltpresse über den Diebstahl berichten würde. Ein solches Presseecho war aber nur zu erzielen, wenn das Bild auch tatsächlich geraubt wurde.

Zunächst fertigte der in Paris ansässige Fälscher sechs perfekte Kopien an. Der brasilianische Kompagnon fand unterdessen in seinem Kunden-Stamm sechs Interessenten für die `originale´ Mona Lisa. Jeder einzelne war bereit, beim Erhalt des Originals zwölf Millionen Dollar auf ein Schweizer Konto einzuzahlen. In der Zwischenzeit hatten die beiden Ganoven einen ehemaligen Hilfsarbeiter des Louvre, einen Italiener namens Peruggia, als Helfershelfer angeworben. Der Diebstahl sollte an einem Montag stattfinden.

Montags war das Museum auch damals schon für Besucher geschlossen. Für die Handwerker des Hauses war und ist dieser Wochentag hingegen ein ganz normaler Arbeitstag, an dem die notwendigen Arbeiten in den Ausstellungssälen ausgeführt werden können. In den üblichen weißen Arbeitskittel des Personals gekleidet, gelangte Peruggia an jenem Montag in den Saal der Mona Lisa. Es war ein Leichtes, das Bild von der Wand zu nehmen, es unter ein Tuch zu schieben und das Museum über einen Hinterausgang zu verlassen. Peruggia versteckte das Werk, so wie er es mit seinen Auftraggebern vereinbart hatte, erst in seiner eigenen Bleibe, später dann in der Wohnung eines Freundes.

Es gingen einige Monate ins Land. Der Brasilianer und der Pariser Fälscher hatten inzwischen die sechs mal zwölf Millionen Dollar für die sechs Fälschungen kassiert und sich abgesetzt. Der nach wie vor arbeitslose Peruggia hingegen wurde zunehmend unruhig. Die Gauner hatten verständlicherweise keinerlei Interesse daran, dass das Original wieder auftauchte, denn das hätte ihre sechs amerikanischen Kunden nur unnötig irritiert.

Irgendwann wurde Peruggia sehr nervös. Er brauchte Geld. Er schmuggelte das Bild über die Grenze nach Italien und bot es einem Kunsthändler in Florenz an. Der Händler kam dank der eindeutigen Beschreibung der prominenten Handelsware in Begleitung der Polizei und damit war der Spuk beendet. Seltsam erscheint bis heute, dass Peruggia seine Auftraggeber bis zuletzt deckte. Möglicherweise hoffte er noch auf den versprochenen Anteil an der Beute, mit dem er nach der Haftstrafe ein neues Leben anfangen wollte. Die Mona Lisa wurde zurück in den Louvre gebracht. Seither fristet sie, versehen mit allerlei elektronischen und mechanischen Sicherungen, im Halbdunkel und hinter dickem Panzerglas ein eher tristes Dasein. Peruggia saß seine Haftstrafe ab und die beiden Gauner genossen die Millionen, die ihnen der Deal eingebracht hatte. Die genauen Umstände des Verbrechens konnten nie ganz geklärt werden.

Es gab durchaus Übereinstimmungen zwischen dem berühmten Pariser Fall und dem Mohndorfer Kunstraub, überlegte Luc, allerdings auch deutliche Unterschiede. Der Plan des Pariser Fälscherpärchens war es nie, die originale Mona Lisa zu verkaufen. Das Bild sollte lediglich vorübergehend aus dem Verkehr gezogen werden, um den reibungslosen Vertrieb der sechs Fälschungen nicht zu behindern und den nötigen Pressewirbel zu erzeugen.

Die aus Mohndorf geraubten Originale hingegen waren clever durch Fälschungen ersetzt und wohl längst in alle Welt verkauft worden. Das Perfide am Mohndorfer Kunstraub war, dass er unerkannt bleiben würde. Es würde niemals irgend etwas an die Öffentlichkeit dringen.

11.

Völlig übernächtigt machte sie sich am nächsten Morgen auf den Weg zur Arbeit. Das Wetter hatte sich etwas beruhigt und sie schaffte die Strecke erstmals in weniger als einer Stunde.

Zu ihrem Erstaunen stand bei ihrer Ankunft bereits Hesslers Wagen auf dem Parkplatz. Um diese Uhrzeit? Was machte er um kurz vor neun im Büro? Hatte gestern Nacht ein Austausch stattgefunden? War er im Anschluss direkt hiergeblieben? Seine Anwesenheit verhieß in jedem Fall nichts Gutes. Mit einem mulmigen Gefühl lief sie durch den Schneematsch in Richtung Verwaltungstrakt.

Als sie die Eingangstür öffnete, schallte ihr bereits ein cholerisches Brüllen entgegen. Wenige Sekunden später schlich Hausmeister Kaczmarek wie ein geprügelter Hund an ihr vorbei in Richtung Ausgang. Kurz darauf traf auch Hanna ein. Sie war sonst immer die Erste im Büro, diejenige, die aufschloss, die Rollläden und Computer hochfuhr und die Kaffeemaschine in Gang setzte. Heute hatte sie sich zum ersten Mal in sieben Monaten um ein paar Minuten verspätet. Sie war gerade dabei, ihre Tasche und ihren Mantel im Schrank zu verstauen, als Hessler herein rauschte und eine Tirade wüster Beschimpfungen vom Stapel ließ. Die Arbeitsmoral in diesem Haus sei eine Katastrophe, die Herrschaften Volontäre und Praktikanten würden es offensichtlich mit den Arbeitszeiten nicht so genau nehmen, man sollte sie alle raus werfen, ein unerträglicher Zustand sei das hier, außerdem bleibe immer alles an ihm hängen. Er beendete sein Gebrüll genauso abrupt, wie er es begonnen hatte, drehte sich um und donnerte die Tür hinter sich zu.

„Mein Gott, steht der unter Drogen?" murmelte Luc entgeistert. „Den armen Kaczmarek hat er vorhin auch schon zur Minna gemacht."

„Offenbar will er hier alle rausekeln. Aber wir sollten wohl Verständnis mit ihm haben, der Arme steht einfach zur Zeit gehörig unter Druck", antwortete Hanna ironisch und verdrehte die Augen.

„In meinem Fall ist ihm das mit dem Rausekeln schon mal gelungen", meinte Luc. „Meine Kündigung geht noch heute in die Post. Freitag ist dann mein letzter Arbeitstag."

„Ich habe leider eine dreimonatige Kündigungsfrist", seufzte Hanna. In der Mittagspause liefen sie gemeinsam zum Bäcker, um ungestört ein paar Worte wechseln zu können.

„Ich muss dringend weg - es kommt sonst zum Eklat mit Hessler. Andererseits will ich der Sache unbedingt weiter nachgehen. Fakt ist aber leider, dass es uns keinen Schritt weiter bringt, wenn wir die Ergebnisse der Raubzüge jedes Mal schön ordentlich dokumentieren, aber nicht herausbekommen, wer dahinter steckt. Mein Plan ist daher, eine solche Austausch-Aktion zu beobachten und sie zu dokumentieren, mit allem drum und dran."

Sie bestellten je einen Sandwich und einen Kaffee. „Das Ganze findet mit Sicherheit spätabends oder nachts statt", setzte Luc erneut an, nachdem die Verkäuferin wieder verschwunden war. „Wenn keine Spaziergänger oder Gassigeher mehr im Park oder auf der Straße unterwegs sind. Zwischen den Kontrollgängen der Wachleute haben die Täter ziemlich genau drei Stunden Zeit."

Als sie Hannas verwunderten Blick sah, erklärte sie, dass sie den aktuellen Einsatzplan der Wachleute heute frei zugänglich im Mitarbeiter-Netz gefunden habe.

Sie biss in das schlabbrige Käsebrötchen und verzog das Gesicht. „Pappe mit Analogkäse. Kein Wunder, dass wir hier die einzigen Kunden sind", meinte sie und warf den Rest des Brötchens in die Tonne.

Hanna sah sie mit gerunzelter Stirn an. „Also, was genau hast du vor? Willst du eine Kamera installieren?"

Luc schüttelte den Kopf. „Nein, das würde nicht funktionieren."

Sie legten das Geld auf die Theke, knöpften ihre Mäntel zu und machten sich auf den Rückweg zum Museum.

„Ich habe gestern Abend einmal durchkalkuliert, wie so ein Austausch konkret vonstatten gehen könnte. Also, zuerst muss das Original von der Wand genommen werden, was in Mohndorf relativ unproblematisch ist, weil es ja keine Bildsicherungen gibt. Dann wird die originale Leinwand aus dem Rahmen gelöst. Im nächsten Schritt bestückt man den leeren Rahmen mit der mitgebrachten, gefälschten Leinwand. Und zuletzt kommt der Rahmen mit seinem neuen Inhalt wieder an die Museumswand. Wenn man alle Arbeitsschritte zusammenrechnet und bei den Tätern ein gewisses handwerkliches Geschick voraussetzt, ist so ein Durchgang in einer Stunde zu bewerkstelligen."

Hanna nickte. „Das würde erklären, warum nur jeweils ein oder zwei Bilder pro Nacht ausgetauscht werden. Die Täter müssen eigentlich nur darauf achten, dass sie zwischen zwei Kontrollgängen der Wachleute fertig werden."

„Richtig. Ich werde das Museum also ein paar Nächte lang aus sicherer Entfernung beobachten. Vielleicht habe ich Glück ..."

Hanna seufzte entnervt auf, schüttelte den Kopf, sagte aber nichts.

„Ich habe nicht vor", antwortete Luc, „ein Risiko einzugehen, keine Angst. Du bist jetzt übrigens die Einzige, die von meinem Plan weiß. Philipp wollte ich einweihen, aber er hat sofort abgeblockt. Du könntest mir einen großen Gefallen tun", fügte sie hinzu. „Ich wäre entspannter, wenn du in den kommenden Nächten mit deinem Handy auf Empfang bleibst und mir im Notfall die Polizei schickst. Sollte etwas Unerwartetes passieren, werde ich keine Zeit haben, dem Polizeinotruf zu erklären, wo ich bin und was da gerade abläuft."

12.

An diesem Nachmittag machte sie sich zeitig auf den Heimweg. Zu Hause versuchte sie, ein wenig vorzuschlafen. Sie würde die Nacht nicht nur im kalten Auto verbringen, sondern zu allem Überfluss auch irgendwie wach bleiben müssen. Um kurz vor sieben stand sie wieder auf und bereitete sich vor. Sie füllte eine Thermoskanne mit starkem Kaffee und packte eine Decke, Handschuhe, Wärmeakkus und eine Mütze in ihren Rucksack. Den Camcorder, das Handy und ein Fernglas verstaute sie in den Taschen ihrer Daunenjacke.

Mohndorf by night, dachte sie, als sie eine Stunde später durch die Hauptstraße des kleinen Orts fuhr. Es war erst kurz nach acht und schon war alles wie ausgestorben. Nur das blaue Licht der Fernseher flackerte aus einigen Fenstern. Zunächst suchte sie nach einem geeigneten Parkplatz, der ihr freie Sicht auf den Seitentrakt und den Haupteingang des Museums erlauben sollte. Als sie den Wagen geparkt hatte, war die erste Hürde genommen und ihr Puls normalisierte sich langsam wieder. Es war jetzt viertel vor neun. Die Wachleute würden in Kürze ihren ersten Rundgang antreten. Sie begann, sich so gut es ging auf die vor ihr liegenden Stunden einzurichten. Sie stopfte die Wärme-Akkus in ihre Stiefel, wickelte die Decke um die Beine, zog Skijacke, Mütze, Schal und Handschuhe an und und packte einen Teil ihrer Ausrüstung auf den Beifahrersitz. Handy, Taschenlampe, Camcorder, Digitalkamera und Fernglas lagen griffbereit. Ihr Proviant aus Kaffee, Chips, Äpfeln und Nüssen befand sich in einem Korb im Fußbereich des Beifahrersitzes.

Die Zeit verrann unendlich langsam. Die Highlights der ersten Nacht waren die drei Rundgänge der Wachleute. Der erste fand um viertel nach neun statt, der zweite um Mitternacht und der dritte um halb vier Uhr früh. Um fünf konnte sie kaum noch gegen die Müdigkeit ankämpfen. Jetzt ist wohl nicht mehr mit den Tätern zu rechnen, dachte sie, denn schon bald würden die ersten Gassigeher den Park bevölkern.

Um fünf Uhr trank sie den letzten Schluck Kaffee, knusperte die letzten Chips, ließ den Motor an und fuhr nach Hause. Die zweite Nacht verlief ähnlich ereignislos.

In der dritten Nacht schließlich schreckte sie plötzlich hoch. Es war Mitternacht. Das Einsatzfahrzeug der Wachleute hatte den Museumsparkplatz erst vor wenigen Minuten verlassen. Ein Kombi mit ausgeschaltetem Licht rollte langsam auf den Parkplatz. Er hielt in einer dunklen Ecke schräg neben dem Seiteneingang. Einige Minuten lang passierte gar nichts. Luc kurbelte das Seitenfenster runter. Sie erkannte durch das Fernglas zwei winzige rote Glühwürmchen, die offenbar von den Glimmstängeln der beiden Insassen des Wagens stammten. Schließlich stieg die Person auf der Beifahrerseite aus. Aufgrund seiner vogelartigen Kopfbewegungen fühlte sie sich an ihren Vorgesetzten erinnert, war sich aber nicht ganz sicher. Der Mann sah sich hektisch um, nahm einen letzten Zug, schnippte dann die Zigarette zu Boden und öffnete den Kofferraum. Er entnahm ihm eine große Mappe oder einen Koffer und eine Werkzeugkiste. Damit ging er zur Eingangstür und machte sich am Sicherheitsdisplay zu schaffen. Nach wenigen Sekunden ließ sich das Portal öffnen und er trat ein. Im Museum blieb es weiter stockdunkel.

Solange der zweite Mann nicht ebenfalls im Museum verschwunden war, musste sie sich gedulden. Wer wohl der Mann auf der Fahrerseite des Kombis war? Warum stieg er nicht aus? Musste er vor dem Eingang Schmiere stehen? Plötzlich sah sie aus einem der Museumsfenster im Erdgeschoss das Licht einer Taschenlampe aufflackern. Kurz darauf öffnete sich die Tür auf der Fahrerseite des Kombis. Auch beim zweiten Mann kamen ihr Körperumriss und Gang seltsam bekannt vor. Der ausgeprägt birnenförmige Rumpf, der kleine, spärlich behaarte Kopf und der schlurfende Gang, das konnte nur Hausmeister Kaczmarek sein. Mich trifft der Schlag, dachte sie entgeistert. Sie hatte ihn für etwas unbedarft, aber grundanständig gehalten.

Er blieb einen Moment lang unentschlossen neben seinem Wagen stehen, ging einige Schritte in Richtung Eingang, kehrte dann aber noch einmal um und holte eine große Werkzeugkiste aus dem Kofferraum. Schließlich verschwand auch er im Museum.

Luc verstaute Camcorder, Handy und Pfefferspray in den Seitentaschen ihrer Jacke. Bevor sie aus dem Wagen stieg, rief sie die vorbereitete SMS auf und tippte auf `senden´. Die Nachricht an Hanna war jetzt unterwegs. „Es geht los. Bin auf dem Weg ins Museum."

Im Ort war es immer noch totenstill, nur von fern hörte man das gleichförmige Rauschen der Autobahn. Sie schlich sich von der Rückseite des Parkplatzes an und warf einen vorsichtigen Blick durch das Fenster rechts vom Eingang. Auch der zweite Eindringling hatte die Tür nicht hinter sich abgeschlossen, sondern nur angelehnt.

Sie schlüpfte ins Treppenhaus und arbeitete sich von dort langsam in Richtung Ausstellungsbereich vor. In den vergangenen Tagen hatte sie sich den Weg durch den Skulpturen-Dschungel der Wechselausstellungssäle genau eingeprägt. Sie hatte ausgetestet, wo das Parkett knarrte oder knirschte. Sie war den Weg so oft abgelaufen, bis sie ganz sicher war, ihn auch im Dunkeln zu finden. Sie konzentrierte sich genau auf jeden ihrer Schritte. Das sirrende Geräusch eines Akkuschraubers war jetzt gut zu hören, dann ein Rascheln und ein leichtes Poltern. Offenbar war etwas zu Boden gefallen. Sie hielt den Atem an und lauschte. Nun lagen nur noch knapp zehn Meter zwischen ihr und den beiden Eindringlingen. Sie hörte Bruchstücke eines Streitgesprächs.

Sie ging vorsichtig weiter. Jetzt trennte sie nur noch der Durchgang von Saal drei zu Saal zwei von den beiden Männern. Sie positionierte sich hinter einer großen Skulptur, die in der Mitte des Saals stand, und stellte den Camcorder an. Die gute Deckung und ihre schwarze Kleidung machten sie in der Dunkelheit nahezu unsichtbar. Millimeterweise schob sie sich weiter vor, bis sie die gesamte Szenerie im Blick hatte. Die beiden Männer knieten am Boden. Sie hatten ihre Werkzeugkisten neben sich stehen und bearbeiteten hochkonzentriert jeweils ein Bild. Die Tasche aus dem Kofferraum lag zwischen ihnen.

Der zweite Mann war tatsächlich Hessler, sie hatte sich nicht getäuscht.

Während die Männer weiter verbissen die Bildern bearbeiteten, nahm sie die Rückwand des Saals mit der Kamera ins Visier. In der Gemäldereihe klafften zwei traurige Lücken.

Sie verfolgte, wie die Männer die Originale zügig und routiniert aus ihren Rahmen lösten. Immer wieder stieß Hessler harsche Anweisungen aus, die von Kaczmarek mit einem unwilligen Knurren beantwortet wurden. Nach etwa zwanzig Minuten war es geschafft. Kaczmarek nahm eine Leinwand aus der großen Tasche und legte sie direkt neben den nun leeren Rahmen. Kurz darauf war auch Hessler mit dem Ausrahmen seines Bildes fertig. Auch er griff sich eine Kopie aus der Tasche. Die beiden ausgelösten Originale stopfte er achtlos in die große Mappe. Nun galt es, die beiden Fälschungen so schnell wie möglich in die Rahmen zu montieren und das Ganze wieder an die Wand zu bringen. Das Ganze ging auch diesmal nicht ohne Unmutsbekundungen und Flüche vonstatten. Hessler drängte mehrfach zur Eile. Er lief einige Male zum Fenster und checkte, ob draußen alles ruhig blieb.

Luc hielt mit der Kamera weiter auf die bizarre Szene. Was, wenn einer der beiden plötzlich auf die Idee käme, etwas aus dem Wagen zu holen? Oder dringend rauchen musste? Nein, beruhigte sie sich selbst, die beiden standen unter Zeitdruck. Zeit für Zigarettenpausen gab es heute nicht.

Zwischen Hessler und Kaczmarek herrschte kein sonderlich gutes Einvernehmen, so viel stand fest. Und die Stimmung wurde von Minute zu Minute aggressiver. Begriffe wie `Anteil´, `Auszahlung´, `Betrüger´ und allerlei derbe Verwünschungen fielen.

„Das war aber jetzt wirklich das letzte Mal", platzte Kaczmarek auf einmal der Kragen, nachdem Hessler ihn erneut zurechtgewiesen hatte. „Wenn ich nicht endlich meinen Anteil bekomme, lasse ich das Ganze auffliegen. Ihr könnt mich doch nicht für dumm verkaufen."

„Schschsch", zischte Hessler darauf deutlich vernehmbar zurück. „Quatsch kein dummes Zeug. Mach' lieber dein Bild fertig, du Idiot. Ich sagte doch schon, wir finden eine Lösung."

Nach weiteren zehn Minuten hingen die Rahmen samt ihrem neuem Inhalt an der Wand, fast so, als wäre nichts geschehen. Hessler griff sich die große Mappe, in die er die originalen Leinwände gestopft hatte und zog den Reißverschluss zu. Er drängte erneut zur Eile. Kaczmarek wischte mit einem Tuch über den Boden, offenbar, um ein paar Mörtelstückchen zu entfernen. Dann warf er den Akkuschrauber und die übrigen Gerätschaften in seine Werkzeugkiste und verschloss sie.

Jetzt brauchte sie einen ausreichenden Vorsprung, um sich noch rechtzeitig in Sicherheit bringen zu können. Lautlos durchquerte sie das Skulpturen-Labyrinth der Ausstellungssäle, schlüpfte durch die angelehnte Eingangstür und lief so schnell sie konnte durch die dunkle Seitenstraße zu ihrem Wagen. Kaum war sie in den Sitz gesunken und hatte die Wagentüre zugezogen, sah sie Hessler und Kaczmarek durch die Eingangstür kommen. Sie rutschte unwillkürlich im Sitz nach unten und hielt den Atem an.

Sekunden später hörte sie, wie erst der Kofferraum, dann die beiden Wagentüren von Kaczmareks Kombi zugezogen wurden. Sie beobachtete, wie der Wagen langsam und erneut ohne Licht vom Parkplatz rollte und nach wenigen Sekunden in der Nacht verschwand.

Ihr Atem ging jetzt wieder ruhiger. Sie richtete sich auf, löste sich aus ihrer verkrampften Position und atmete einige Male tief durch. Langsam machte sich so etwas wie Erleichterung breit.

Als erstes sandte sie Hanna eine Entwarnungs-SMS. „Alles gut gelaufen, erstklassiges Material im Kasten.“

Als sie wenige Minuten später in Richtung Autobahn abbog, sah sie im Rückspiegel, wie der Wagen des Wachdienstes auf den Museums-Parkplatz fuhr. Die Herren Hessler und Kaczmarek hatten ihren nächtlichen Einsatz also perfekt geplant.

13.

Eine weitere Nachtwache hätte ich auch nicht überlebt, dachte sie, als sie eine gute Stunde später erschöpft auf ihr Bett zuwankte. Sie legte den Camcorder auf den Nachttisch, um sich die Aufnahmen vor dem Einschlafen noch einmal anzusehen, fiel aber fast augenblicklich in einen tiefen, traumlosen Schlaf.

Bevor sie am nächsten Morgen ihre Wohnung verließ, nahm sie den Chip aus dem Camcorder und verstaute ihn in der Handtasche. Heute war ihr letzter Arbeitstag. Da sie keinerlei Sehnsucht danach verspürte, Hessler und Kaczmarek noch einmal über den Weg zu laufen, beschloss sie, den Tag im Keller zu verbringen. Hier war sie vor Begegnungen mit den beiden sicher. Außerdem wollte sie die Ordner im kleinen Abstellraum noch einmal genauer durchzusehen, vielleicht war ja doch noch etwas Interessantes zu finden.

Um halb eins gab Hanna vom Treppenabsatz her Entwarnung. „Du kannst raufkommen, wenn du magst, die Luft ist rein. Wenn Hessler bis halb eins nicht eingetrudelt ist, kommt er üblicherweise gar nicht mehr." Auch Hausmeister Kaczmarek tauchte an diesem Tag nicht auf.

Besucher waren an diesem Tag wieder einmal Mangelware. Eine Schulklasse musste am Vormittag eine Führung über sich ergehen lassen und um drei Uhr steuerte eine Seniorengruppe ohne Umwege das Museumscafé an. Der Wachmann hielt sich, wie üblich, wenn es keine Besucher gab, im Kassenbereich auf.

Somit konnten sie die Neuzugänge der vergangenen Nacht in aller Ruhe unter die Lupe nehmen. Luc fotografierte die Vorder- und Rückseiten der beiden Bilder durch und Hanna hielt Lucs Ansagen schriftlich fest. Nach getaner Arbeit standen sie einen Moment schweigend vor den neuen Fälschungen. „Erstaunlich gut und selbst bei Tageslicht einwandfrei", meinte Luc staunend. „Die Jungs verstehen ihr Handwerk, das muss man ihnen lassen. Wenn da nur nicht immer diese kleinen Schlampereien wären ...", meinte sie und deutete auf ein paar versprengte Putzbrocken in der Nähe der Fußleisten.

Am Abend trafen sie sich bei Hanna, um die Aufnahmen der vergangenen Nacht gemeinsam anzusehen. Die schwach erleuchtete Szenerie mit den beiden nervösen Tätern, die Streitgespräche und die in ihre Einzelteile zerlegten Bilder, all das hatte eine fast irreale Qualität.

„Wie ein absurdes Theaterstück, das Ganze", meinte Hanna kopfschüttelnd. „Und, was machen wir jetzt damit?" fragte sie, nachdem sie sich die gesamte Sequenz noch ein zweites Mal angesehen hatten. Luc zuckte mit den Schultern. „Erst mal nichts. Wir warten ab. Es wäre aber gut, wenn du dir eine Kopie ziehst und sie an einem sicheren Ort hinterlegst. Ich werde dasselbe tun."

Etwas wehmütig stießen sie auf ihren letzten gemeinsamen Arbeitstag, auf Lucs geglückte nächtliche Mission und die gute Zusammenarbeit der letzten Wochen an. „Ich kann dir gar nicht sagen, wie sehr es mir vor den nächsten Tagen und Wochen im Büro graut. Ab jetzt bin ich allein mit diesem Irren ...", meinte Hanna bedrückt.

14.

Als sie eine halbe Stunde später ihre Wohnung aufschloss, merkte sie sofort, dass etwas nicht stimmte. Die Tür war nur zugezogen. Sie schloss immer zwei Mal ab, ausnahmslos. Konnte es sein, dass Philipp überraschend nach Hause gekommen war? Nein, er hätte sie auf jeden Fall informiert. Sie machte Licht und blieb wie vom Schlag getroffen stehen.

Die Schubladen des Dielenschranks waren herausgerissen, am Boden lagen in einem wüsten Durcheinander Brillenetuis, Mützen, Schals und Jacken. Sie ging wie benommen durch den Flur, vorbei an der Küche in ihr Arbeits- und Wohnzimmer. Sämtliche Aktenordner waren aus dem Regal gerissen, ihre gerade erst fein säuberlich geordneten Stapel auf dem Schreibtisch und am Boden waren umgeworfen und zertrampelt.

Überall herrschte ein heilloses Chaos. Ihr Notebook fehlte. Der Datenstick ebenfalls. Meine gesamte Arbeit ist verloren, raste es ihr im ersten Moment durch den Kopf. Sie sicherte die Daten nicht nur täglich auf einem Stick, sondern auch ein Mal pro Woche auf einer externen Festplatte. Diese bewahrte sie in der Schreibtischschublade auf, zusammen mit Briefpapier, Schreibutensilien, Nähetui und diversen Souvenirs. Die Einbrecher hatten die Schublade zwar herausgezogen, aber die Festplatte lag noch unter anderen Gegenständen. Die Datenverluste wären also schon mal zu verkraften, dachte sie erleichtert. Das Notebook war alt und technisch überholt, auch das war ein verschmerzbarer Verlust.

Aber warum hatten die Täter nicht ihre Anlage mitgehen lassen? Auch der Flachbildfernseher hing noch an der Wand. Beide Geräte waren zusammen sicher ein paar Tausender wert - im Gegensatz zu ihrem altersschwachen Notebook. Sie ging weiter ins Schlafzimmer. Hier sah es ähnlich aus wie in der Diele. Alle Schubladen des Kleiderschranks waren herausgerissen, der Inhalt lag verstreut am Boden. Sie griff zum Telefon und meldete den Einbruch der Polizei.

Am nächsten Morgen kamen zwei Beamte, die die Angaben zum Einbruch aufnahmen. Sie stellten etwas gelangweilt fest, dass es offensichtlich keine Einbruchsspuren gab. Luc starrte sie entgeistert an. „Was wollen Sie damit sagen? Natürlich gibt es hier Spuren. Hier ist alles voll von Spuren, sehen Sie sich doch um. Nur kann ich Ihnen leider keine eingetretene Tür bieten."

„Hören Sie", meinte der eine der Polizisten ungeduldig. „Bei Einbrechern hat sich herumgesprochen, dass es ratsam ist, keine verwertbaren Spuren zu hinterlassen. Wir haben pro Tag über hundert Wohnungseinbrüche in Köln, meist mit ähnlichen Bagatellschäden wie hier. Wir kommen gar nicht nach mit der Aufnahme der Anzeigen. Da sind wohl wieder mal mobile Banden aus der Türkei und Osteuropa unterwegs."

„Vielleicht wäre es ja gerade deshalb sinnvoll, den Tatort genauer zu untersuchen und nicht einfach ein paar Dutzend Anzeigen pro Tag aufzunehmen, die anschließend in irgendwelchen Aktenordnern eingemottet werden", meinte Luc verärgert. „Wie wollen Sie diese Banden denn sonst je dingfest machen?"

„Sie müssen uns unsere Aufgaben nicht erläutern", kam es etwas spitz zurück.

„Überlegen Sie lieber einmal, wem sie alles ihren Schlüssel überlassen haben."

„Hier ist nämlich jemand mit dem passenden Wohnungs-
schlüssel hereinspaziert", setzte sein Kollege eins drauf.

Genau dieser Punkt beschäftigte Luc, seit sie gestern Abend ihre
verwüstete Wohnung betreten hatte. Nur sie und Philipp besaßen
je ein Exemplar des Wohnungsschlüssels. Und sie war sich sicher,
dass sie die Tür heute früh zwei Mal zugesperrt hatte. Irgend jemand hatte also eine Kopie ihres Wohnungsschlüssels. Aber dazu
musste er erst einmal ihren Schlüssel in die Finger gekriegt haben.
Nur, wie und wann sollte das passiert sein? Sie überlegte fieber-
haft, wann sie ihre Handtasche im Büro einmal nicht im Blick gehabt haben könnte.

Richtig, in der zweiten Arbeitswoche hatte sie ihre Tasche einmal für ein paar Stunden in Hannas Spind gestellt, erinnerte sie
sich. An diesem Tag hatten sie und Hanna länger als üblich im Keller zu tun gehabt. Konnte es sein, dass jemand ihren Schlüssel aus
dem Spind genommen hatte? Er oder sie könnte sich beim Schlüs-
selservice im nahe gelegenen Kaufhaus eine Kopie anfertigt haben.
Das Ganze wäre mit Hin- und Rückweg in einer guten halben
Stunde zu bewerkstelligen, überschlug sie. Von wegen Einbrecher-
Banden. Seit wann klauen die uralte Notebooks mit halbfertigen
Dissertationen und lassen neuwertige Elektronikgeräte stehen?
Könnte es sein, dass tatsächlich jemand aus dem Büro hinter dem
Einbruch steckte? Aber was hätte das zu bedeuten? Hatte Hessler
ihre Anwesenheit neulich nachts in Mohndorf bemerkt?

Oder hatte sie sich sonst durch irgendetwas verraten? Hatte er in ihrer Wohnung nach Hinweisen oder Beweismaterial, das ihn belasten könnte, gesucht? Oder nach etwas anderem? Oder wollte er sie einfach nach ihrem letzten Arbeitstag noch ein wenig terrorisieren?

Plötzlich fiel ihr siedend heiß der Camcorder ein. Wo hatte sie ihn nur hingeräumt? Wie war das noch, vorgestern Abend, als sie von ihrer nächtlichen Expedition nach Hause gekommen war? Richtig, sie hatte ihn auf den Nachttisch gelegt, bevor sie zu Bett gegangen war. Nach Hannas Weck-SMS am nächsten Morgen hatte sie die Speicherkarte aus dem Gerät genommen und mit ins Büro genommen.

Der Camcorder befand sich definitiv nicht mehr in der Wohnung. Der Einbrecher hatte ihn also offensichtlich mitgehen lassen. Sie rief Hanna an und berichtete vom Wohnungseinbruch, dem Diebstahl von Notebook und Camcorder sowie ihrem Verdacht.

„Ein Glück, dass du den Chip gestern Abend mitgebracht hast", meinte Hanna. „Er muss noch in meinem Rechner stecken." Sie versprach, ihn so bald wie möglich an einem sicheren Ort zu deponieren. „Meine Eltern haben ein Schließfach bei der Sparkasse. Da wäre er sicher. Ich ziehe aber vorher noch eine Kopie für dich. Die Digitalkamera der Chefin und das Notizbuch wären jetzt vielleicht auch besser im Schließfach aufgehoben."

Nach dem Telefonat streckte sich Luc erschöpft auf ihrem Sofa aus. Die vier durchwachten Nächte forderten ihren Tribut und sie fiel in einen unruhigen Dämmerschlaf. Bilder von einem Autounfall und Einbrechern mit Brechstangen und schwarzen Masken ließen sie immer wieder hochschrecken. Eine Horde von Greisen, die mit ihren Stöcken in der Luft herumfuchtelten, kreiste sie ein und bedrohte sie. Völlig zerschlagen wachte sie eine Stunde später wieder auf. Vor einem Monat war mein Leben noch in Ordnung, dachte sie erschöpft und warf einen Blick auf das Einbruchs-Chaos in ihrer Wohnung. Sie zog sich die Decke über den Kopf und tauchte noch einmal ab.

15.

Am Abend erzählte sie Philipp von ihrer nächtlichen Expedition, der verwüsteten Wohnung und ihrer Vermutung, wer dahinter stecken könnte. Er schlug ihr vor, für ein paar Tage nach Frankfurt zu kommen. „Lass das Chaos Chaos sein. Wir räumen das dann am übernächsten Wochenende gemeinsam auf."

„Das klingt gut", antwortete Luc. „Ich muss mich nur noch um eine bestimmte Angelegenheit kümmern, dann mache ich mich auf den Weg."

In der Nachbarschaft wohnten einige ältere Herrschaften, die tagsüber oft stundenlang aus dem Fenster lehnten und das bunte Treiben auf der Straße beobachteten. Vielleicht hatte ja einer von ihnen etwas gesehen. Sie wollte ein Foto von Hessler aus dem Internet herunterladen, es ausdrucken und mitnehmen. Dann fiel ihr ein, dass erst vor wenigen Tagen ein Artikel über Hessler im örtlichen Blättchen erschienen war, garniert mit einem Foto. Der Wortlaut des Artikels erinnerte sie an den bizarren Monolog, den Hessler an ihrem ersten Arbeitstag abgelassen hatte - vielleicht hatte er den Artikel ja an jenem Tag selbst verfasst? Wie auch immer, das Ganze war ein so groteskes Beispiel für bestellten Journalismus, dass sie sich ein Exemplar des Blättchens mit nach Hause genommen hatte. Dieses schöne Foto würde sie jetzt jedem in der Nachbarschaft unter die Nase halten.

Der Chip mit den nächtlichen Aufnahmen liege inzwischen sicher im Schließfach ihrer Eltern, berichtete Hanna, als sie am Abend noch einmal miteinander telefonierten.

Zudem habe sie sicherheitshalber ein Zusatzschloss an ihrer Wohnungstür anbringen lassen.

„Apropos Einbruch: Hat sich die Polizei eigentlich noch mal bei dir gemeldet?"

„Nein, natürlich nicht. Ich habe selbst nachgeforscht. Und stell dir vor, es gibt tatsächlich eine Zeugin, die ihn gesehen hat."

„Dann lass mich mal raten, wen du mit `ihn´ meinst. Erzähl schon, wie hast du es herausbekommen?"

„Ich habe alle Nachbarn gefragt, ob sie den Mann auf dem Foto schon einmal gesehen haben. Und als ich in der Nachbarschaft und im Haus fast alle durch hatte, bin ich unten an der Haustüre der Pflegekraft, die den alten Herrn im Parterre betreut, in die Arme gelaufen. Und stell dir vor, sie hat ihn gesehen. Er habe vor der Tür herumgelungert und darauf gewartet, dass jemand öffnet, sagte sie mir. Als sie den Code eingegeben hatte und die Tür aufsprang, habe er sich an ihr vorbei gedrängt und sei nach oben gelaufen."

„Wer außer Hessler hätte es auch sonst sein sollen? Meinst Du denn, die Pflegerin wäre bereit, eine Aussage zu machen? Und sollten wir beide jetzt nicht auch auspacken? Dieser Typ gehört hinter Schloss und Riegel, und zwar, bevor weitere Bilder aus dem Museum gestohlen werden, bevor weitere Wohnungen verwüstet werden und bevor noch ein Mensch verletzt wird oder am Ende sogar ums Leben kommt." Die sonst so sanftmütige Hanna klang auf einmal zornig und entschlossen.

„Im Prinzip bin ich ganz deiner Meinung. Aber wir wissen doch, dass die Polizei rein gar nichts unternehmen würde.

Zum einen ist da das Netzwerk, das ihn schützt. Hinzu kommt, dass ein Beamter wie Hessler vor der Polizei oder irgendwelchen korrupten Richtern sowieso sakrosankt ist. Abgesehen davon befürchte ich, dass das Ganze am Schluss sogar eher auf uns zurückschlagen würde. Du und ich, wir sind zwei kleine Kunsthistorikerinnen, Berufsanfängerinnen und ohne jede Lobby. Hessler und seine Freunde hingegen sind glänzend vernetzt, über ihre politischen Parteien, ihre Clubs und ihre heißen Drähte direkt in die Polizei und Justiz. Glaub' mir, nicht Hessler und Konsorten, sondern wir beide würden am Schluss am Pranger stehen. Wir müssen auf die richtige Gemengelage warten."

16.

Hausmeister Kaczmarek war seit Tagen wie vom Erdboden verschluckt. Hanna fing an, sich Sorgen zu machen. Schließlich fragte sie bei Kollegin Otter nach, ob sie vielleicht wisse, wo er steckt. Er hatte sich weder krankgemeldet noch Urlaub genommen, er ging weder an sein heimisches Telefon noch ans Handy.

„Und wenn ihm nun etwas passiert ist und er krank in seiner Wohnung liegt?" fragte sie. „Meinen Sie nicht, es müsste mal jemand nach dem Rechten sehen?" Aber Otter plädierte dafür, abzuwarten. Sie wollte die Angelegenheit erst mit Hessler besprechen.

Am Tag vier nach Kaczmareks Verschwinden wurde über die Zentrale ein Anruf zu Hanna durchgestellt. Am Apparat war ein Beamter der Mohndorfer Polizeidienststelle. Er wollte mit dem Leiter des Museums verbunden werden. Hanna antwortete, dass außer ihr leider niemand mehr im Hause sei, dass sie aber den Namen des Anrufers und den Grund des Anrufs gern notieren wolle. Ihr Chef würde so bald wie möglich zurückrufen.

Der Beamte gab ihr für den Rückruf seinen Namen und die Telefonnummer durch. Er fügte hinzu, dass es um den Fund an den Bahngleisen gehe, über den heute in den Medien berichtet worden sei. Als Hanna antwortete, dass sie die Zeitung noch nicht durchgesehen habe, erläuterte er knapp, dass gestern Nachmittag bei den Gleisen am Ortsausgang eine männliche Person aufgefunden worden sei. Die Person habe zwar keinen Ausweis bei sich getragen, aber immerhin eine Codekarte des Museums.

Er versuche nun herauszufinden, wer von den internen oder externen Mitarbeitern des Museums im Besitz einer Codekarte sei.

Kaczmarek war seit genau vier Tagen nicht mehr bei der Arbeit erschienen. Und natürlich besaß er eine Codekarte. Der Polizist am anderen Ende der Leitung fragte, ob sie noch dran sei.

„Ja", stammelte sie, „ich bin noch da. Unser Hausmeister Kaczmarek … ist seit vier Tagen verschwunden."

Am nächsten Vormittag kamen zwei Polizeibeamte ins Museum, um die Mitarbeiter der Mink-Abteilung und die Kollegen der stadtgeschichtlichen Sammlung zu Kaczmarek zu befragen. Hessler glänzte wieder einmal durch Abwesenheit und war auch über sein Handy nicht zu erreichen.

„Was hätte ich denn sagen sollen? Vielleicht: Fragen Sie bitte den Herrn Direktor, denn mit ihm war Kaczmarek in seiner Todesnacht bis halb drei Uhr früh im Museum?" berichtete Hanna aufgelöst, als sie am Abend mit Luc telefonierte. „Hessler war übrigens auch heute wieder mal den ganzen Tag nicht da. Die Polizei schien allerdings nicht sonderlich daran interessiert zu sein, ihn zu sprechen. Ich hatte den Eindruck, dass schon von vornherein feststand, dass das Ganze unter `Selbstmord´ abgehakt werden soll."

„Dasselbe Procedere wie bei einem ähnlich gelagerten Fall. Da war das Interesse der Polizei ja ähnlich groß, die wahren Umstände des Unglücks zu ermitteln."

„Du meinst den Unfall der Chefin? Daran musste ich auch sofort denken. Ich weiß nicht, wie du es siehst, aber ich kann mir beim besten Willen nicht vorstellen, dass Kaczmarek Selbstmord verübt haben soll. Er war bester Dinge, hatte seit Wochen nur ein Thema, nämlich seinen Urlaub. Man wirft sich doch nicht drei Tage vor dem heiß ersehnten Abflug vor den Zug. Und überhaupt: Er hatte seinen sicheren Beamten-Job, wenig bis nichts zu tun, sehr überschaubare Arbeitszeiten und viel Urlaub. Ich hatte den Eindruck, dass er sehr zufrieden vor sich hin lebte."

„Das sehe ich genauso. Ein dickes Problem hatte er allerdings schon. Er hat sich in diese Fälschergeschichte reinziehen lassen. Und das ist nicht ganz so gelaufen, wie er es sich vorgestellt hat. Meinte er nicht in jener Nacht zu Hessler, er würde die Bande hochgehen lassen, wenn sie ihn nicht wie vereinbart bezahlen?"

„Richtig. Und daraufhin ist Hessler ausgerastet. Das Letzte, was er in dieser Situation brauchen konnte, war ein Kompagnon, der ihn erpresst und seinen Anteil fordert. Wahrscheinlich musste Kaczmarek zum Schweigen gebracht werden, damit die Sache weiter wie geplant durchgezogen werden konnte."

„Ich traue Hessler inzwischen fast alles zu. Sein Einbruch bei dir ist ein Fakt, der Raub der Bilder aus dem Museum ebenfalls. Habe ich noch etwas vergessen?"

„Ich will ja nicht kleinlich wirken", meinte Luc, „aber da sind noch ein paar Dutzend betrügerischer Ankaufs-Deals. Man möchte Betrugsfälle ungern in eine Reihe mit Mord und schwerer Körperverletzung stellen, und doch: Ich finde, das alles zählt auch. In Sachen Kaczmarek hatte Philipp übrigens eine Idee, die gar nicht so dumm klang", fuhr Luc nach einer Pause fort. „Wenn wir das Gefühl hätten, dass die Polizei nicht ermittelt oder wichtige Beweise schlicht ignoriert, sollten wir einen Profi engagieren, meinte er. Vielleicht können solche Beweise irgendwann einmal wichtig werden."

„Klingt gut", meinte Hanna, „aber wie finden wir so einen Ermittler? Und was ist mit den Kosten?"

„Er hat mir jemanden empfohlen, der schon einmal Nachforschungen für sein Büro übernommen hat. Sehr erfolgreich sogar. Und das Honorar übernehme ich, keine Sorge."

Am Samstag waren sie mit ihm verabredet. Er wirkte angenehm sachlich und hatte mit den gängigen Detektiv-Klischees nichts am Hut. Er versprach, sich ab Montag intensiv um die Sache zu kümmern. Seiner Einschätzung nach würden zwei Arbeitstage ausreichen, um an die nötigen Informationen heranzukommen. Bereits am Montag Abend meldete er sich das erste Mal zurück. Zunächst hatte er sich im persönlichen Umfeld des Hausmeisters umgehört. Kaczmarek hatte ein paar Bekannte, die er ein bis zwei Mal pro Woche auf ein Bier in seiner Eckkneipe sah. Er war ein unauffälliger Zeitgenosse, ausgeglichen und umgänglich, zufrieden mit sich und der Welt. Kaczmarek ein Selbstmörder? Undenkbar, so die einhellige Meinung aller, die ihn kannten.

„Es ist schon bemerkenswert, dass die Polizei überhaupt keine Untersuchungen am Fundort der Leiche vorgenommen hat. Zudem wurden weder seine beruflichen oder privaten Emails noch die Telefonate der letzten Tage und Monate ausgewertet", berichtete er. Aus der Sicht der Polizei handele es sich eindeutig um Selbstmord, fuhr er fort. Die Möglichkeit eines Gewaltverbrechens sei nicht einmal angedacht worden.

„Sie und Ihre Kollegin scheinen die Einzigen zu sein, die ein Interesse daran haben, etwas über die tatsächlichen Todesumstände Ihres Kollegen in Erfahrung zu bringen."

Am darauffolgenden Tag meldete er sich noch einmal. Kaczmareks berufliche und private Emails und Telefonkontakte seien nicht mehr zu rekonstruieren.

„Da hat jemand ganze Arbeit geleistet", meinte er abschließend.

17.

Es war Montag früh und Hanna saß wie üblich allein im Verwaltungstrakt und beantwortete Anfragen zu Führungen und Bastelkursen für Schulklassen. Alle anderen Mitarbeiter hatten sich perfekt an Hesslers Präsenz-Schema angepasst. Man erschien, wenn überhaupt, nicht vor elf.

Ihre Kündigung hatte sie schon am Vorabend zu Hause ausgedruckt. Heute Mittag würde sie das Schreiben zur Post bringen und es per Einschreiben an den Vorstand senden. Morgen oder spätestens übermorgen würde sie sich dann krankschreiben lassen.

Und ich brauche nicht einmal etwas vortäuschen, dachte sie bedrückt. Seit der Geschichte mit Kaczmarek schlief sie nicht mehr gut, hatte ständig Herzrasen und bekam kaum noch einen Bissen runter. Sie hatte das Schreiben gerade in einen Umschlag gesteckt, als das Telefon klingelte. Es war Hessler. Er klang, als wäre er gerade erst aus dem Bett gestiegen. Er kam direkt und ohne überflüssige Begrüßungsfloskeln zur Sache: Heute ab fünfzehn Uhr würde die jährliche Beiratssitzung des Museumsvereins stattfinden, erklärte er.

Kollegin Otter, die eigentlich für die Organisation der Sitzung zuständig war, hatte ihm soeben mitgeteilt, dass sie wegen Krankheit ausfalle. Hanna solle einspringen. Er selbst würde erst zu Beginn der Veranstaltung ins Haus kommen, erklärte er. Er erwarte eine perfekte Vorbereitung und einen reibungslosen Ablauf, fügte er mit dem üblichen garstigen Unterton hinzu und legte auf, bevor Hanna auch nur irgend etwas fragen oder antworten konnte.

Einen Moment lang saß sie wie betäubt da. Vielleicht sollte sie sich schon heute krankschreiben lassen, war ihr erster Gedanke. Aber sie würde noch ein Zeugnis von diesem Menschen brauchen. Insofern hielt sie es für klüger, sich ein letztes Mal kooperativ zu zeigen. Zudem wäre es auch aus einem anderen Grund lohnenswert, diesen einen Tag noch durchzustehen, dachte sie. Die Gelegenheit, mir diese Beirats-Gestalten einmal live anzusehen und mitzuerleben, wie eine solche Veranstaltung abläuft, sollte ich mir eigentlich nicht entgehen lassen.

Sie überlegte, wie sie die Sitzung aufzeichnen könnte. Ihr altes Handy war sicher ungeeignet. Sie rief Luc an. Vielleicht könnte sie kurzfristig ein Aufnahme-Gerät mit einem guten Micro auftreiben. Luc versprach, sich umgehend darum zu kümmern und das Gerät in der Mittagspause nach Mohndorf zu bringen.

Kollegin Otter hatte Hanna inzwischen eine Checkliste gemailt, an der sie sich entlanghangeln konnte. Zwei Handwerker aus der Stadtverwaltung holten Tische und Stühle aus dem Kellerraum der stadtgeschichtlichen Abteilung und platzierten sie gemäß Otters Vorgaben im großen Saal.

Sie brauchte jetzt nur noch mit dem Betreiber des Museumscafés den Ablauf der Pause zu besprechen. Ihr selbst würde die ehrenvolle Aufgabe zufallen, vor und nach der Veranstaltung die Garderobiere für die Herren Vereinsbeiräte zu spielen.

In der Mittagspause brachte sie das Kündigungsschreiben zur Post. Lucs wartete bereits in ihrem Wagen vor dem Gebäude. Hanna stieg ein, ließ sich die Funktionen des Geräts erklären und verstaute es in ihrer Handtasche. „Vergiss nicht, mich anzurufen, wenn das Ganze vorbei ist", rief Luc ihr nach.

Um drei Uhr trudelten die ersten Sitzungsteilnehmer ein. Hanna stand an der Garderobe im Eingangsbereich und nahm die Mäntel entgegen. Einige der Teilnehmer kannte sie bereits von früheren Veranstaltungen oder von Fotos im Lokalblättchen.

Von den Großkopferten trafen zuerst die Vertreter der Stadt Mohndorf ein. Sie beobachtete, wie der Bürgermeister seine rund hundertvierzig Kilo aus dem Wagen hievte und sie unter schwerem Schnaufen in Richtung Eingangsbereich des Museums bewegte. Über dem festgetackerten Politiker-Grinsen klebte eine randlose Brille in dem verfetteten Gesicht. Er befand sich wie immer in Begleitung seines devot buckelnden Aktenkoffer-Trägers Stupisevic.

Es folgten Schlächter von der Kölner Volkskasse und Maschke, sein Koblenzer Äquivalent. Schlächter schob seinen massigen Körper keuchend mithilfe eines Rollators voran, Maschke folgte ihm lautstark telefonierend auf den Fuß.

Dann traf, ebenfalls in einer überdimensionierten Dienstlimousine, der Rheinland-Pfälzische Kulturbunds-Vertreter Borkamp ein. Hanna überkam ein Frösteln, als er im Stechschritt auf sie zukam. Sie hatte noch nie einen Menschen gesehen, der eine solche Niedertracht, Arroganz und Menschenverachtung ausstrahlte. Blick- und grußlos warf er seinen Mantel auf ihren Tisch, machte eine zackige Wende und marschierte im Stechschritt in Richtung Ausstellungssaal.

In diesem Moment kam Hessler mit geschäftigem Gehabe aus dem Verwaltungstrakt herübergelaufen. Sein Blick flackerte noch unsteter als sonst und checkte in Sekundenschnelle, wer von den Beiratsvorsitzenden bereits eingetroffen war.

Als erstes steuerte er Schlächter und Kottmons an, die ihre Köpfe zusammengesteckt hatten und offenbar in ein sehr intimes Gespräch vertieft waren. Schlächter hatte Hessler wohl aus dem Augenwinkel auf sich zukommen sehen und machte eine abfällige Handbewegung, so als würde er lästiges Ungeziefer wegschnippen. Hessler blieb wie angewurzelt stehen. Hatte jemand diese fiese kleine Demütigung gesehen? Hanna schaute nicht, wie sie es sonst getan hätte, diskret in eine andere Richtung, sondern fixierte Hessler. Er sollte wissen, dass sie die Szene beobachtet hatte. Zu oft hatte er sie und andere in ähnlich abfälliger Weise behandelt.

In einer Luxus-Limousine mit verdunkelten Scheiben, noch protziger als die bislang eingelaufenen, wurde ein weiterer Teilnehmer der Sitzung vorgefahren. Der Fahrer war darauf abgerichtet, seinem Chef buckelnd den Verschlag zu öffnen. Der so Hofierte war Mitte sechzig, solariumgebräunt, hatte harte, herrschsüchtige Gesichtszüge und war auffallend geckenhaft gekleidet. Typ professioneller Blender, dachte Hanna. Er steckte in einem teuren, hellgrauen Anzug, der mit einer pinken Krawatte und einem albernen Einstecktuch in derselben Farbe dekoriert war. Dazu trug er lila Socken und hellbraune Schuhe. Eine assortierte Herrenhandtasche im selben Farbton machte das Ganze perfekt. Das musste Landrat Hilberz sein, dachte Hanna und verkniff sich nur mit Mühe ein spöttisches Grinsen. Kollegin Otter hatte vor einigen Tagen über ihn hergezogen und seine Aufmachung derart anschaulich beschrieben, dass sie ihn sofort erkannte.

Hilberz schritt mit einem auf souverän getrimmten Lächeln die versammelte Kollegenschaft ab, grüßte hier etwas verbindlicher, da etwas weniger, setzte hier einen zusätzlichen Händedruck ein oder verstärkte dort mit der zweiten Hand von oben. Seine Begrüßung von Schlächter und Maschke garnierte er mit einem dynamisch-lautstarken „hallooo", einem extrabreiten Grinsen und einem vertrauten Schulterklopfen. Hanna lief ein kleiner Ekel-Schauer über den Rücken.

Ein weiterer Sitzungs-Teilnehmer betrat das Foyer. Hessler, der das Schauspiel um Hilberz' Eintreffen wie gebannt beobachtet hatte, löste sich aus seiner Erstarrung, stürzte sich auf den Neuankömmling und begrüßte ihn überschwänglich. Der betont lässig um den Hals geschwungene rote Schal des Neuzugangs ließ Hanna vermuten, dass es sich um Archidi handelte. Archidi war ein abgehalfterter Aktionskünstler, der in den sechziger Jahren aus unbekannten Gründen eine kurze Erfolgsphase erlebt hatte, die er in den darauffolgenden vierzig Jahren etwas zu ausgiebig nachfeierte. Der Mann war das, was man eine menschliche Ruine nennen könnte. Jeder Liter Wodka seines alkoholseligen Lebens spiegelte sich in dem verlebten Gesicht wider. Das rötlich-braun verfärbte Resthaar über dem herausgewachsenen weißen Ansatz, die aufgedunsenen, lila gemaserten Tränensäcke und die schlaff herabhängenden Mundwinkel vervollständigten das traurige Bild.

Archidi bezeichnete sich selbst bei jeder passenden und unpassenden Gelegenheit als großen Kunstkenner und intimen Freund des verstorbenen Mink. In den Achtzigern, als es mit seinen eigenen Aktionen gar nicht mehr gut lief, hatte er sich unter anderem als Kunsthändler versucht, hatte diversen Kunstkitsch an- und verkauft und die eine oder andere Doku über andere abgesoffene

Möchtegern-Künstler produziert. Ein paar seiner Minks war er damals nicht mehr losgeworden. Und die galt es nun zu versilbern. Er hatte von seinem alten Freund Hessler erfahren, dass man dem Verein alles, was auch nur im entferntesten nach Mink aussah, zu Höchstpreisen unterjubeln konnte. Das sollte heute in Angriff genommen werden.

Fast zeitgleich mit Archidi traf auch dessen persönlicher Lieblingsfeind Hasenmöller ein. Hoch erhobenen Hauptes stolzierte der kleine Mann an Archidi vorbei, ohne ihn auch nur eines Blickes zu würdigen. Hasenmöller war ein pensionierter Koblenzer Urologe. Mit seiner güldenen Brille, seinen kunstvoll in Wasserwellen gelegten Silberlöckchen, einer rosa getupften Fliege und etwas zu viel Rouge auf den welken Wagen wirkte er wie ein trauriger, alter Transvestit. Auch Hasenmöller besaß eine Reihe von Minks und hatte sich dem Beirat angedient, um noch mal ordentlich Kasse zu machen. Mit seiner einschmeichelnd-femininen Stimme grüßte er in die Runde, drehte den Kopf geziert erst zur rechten, dann zur linken Seite und klimperte Aufmerksamkeit heischend mit den nicht mehr vorhandenen Wimpern. Leider beachtete ihn niemand und so stand er verunsichert und mit gekränkter Miene allein im Foyer.

Mit Verspätung wackelte dann noch Adolf Hund, der Vorgänger von Bürgermeister Kottmons, sichtlich desorientiert durch die Tür. Er war weit über neunzig, taub, dement und bekannt dafür, dass er zu allem eine Meinung hatte, ohne überhaupt verstanden zu haben, worum es ging. Bei allen Abstimmungen folgte er seinem Nachfolger aufs Wort, was sein gut dotiertes Beirats-Pöstchen offenbar ausreichend legitimiert hatte.

Zu guter Letzt huschte eine zerknitterte, froschartige Gestalt mit wehendem Resthaar ins Foyer. Die schüttere Kopfbehaarung trug er von rechts unten quer über den Kopf nach links unten frisiert. Mantel und Anzug waren von Haaren und Schuppen übersät. Mit großer Geste warf er seinen Mantel auf den Garderobentisch. Hanna drehte den Kopf zur Seite und hielt den Atem an, um die Partikel aus der aufgewirbelten Milbenwolke nicht einzuatmen und drapierte den Mantel mit spitzen Fingern auf einen Bügel.

Der ungehaltene Gesichtsausdruck des kleinen Mannes änderte sich schlagartig, als er Schlächter und Maschke am Eingang des Sitzungssaals ausmachte. Wenn Hanna jemals die sprichwörtlichen Dollarzeichen in den Augen eines Menschen gesehen hatte, dann hier und jetzt. Das Männlein eilte mit weit ausgestreckten Armen auf Schlächter zu. Es begann ein Geherze und Schulterklopfen, das schier nicht enden wollte.

Der große Doktor Midas Reismann-Stilz, dachte Hanna spöttisch, der berühmte Mink-Kenner und Generaldirektor des einzigen und daher auch bedeutendsten Mink-Museums weltweit.

18.

Sie wartete, bis alle Sitzungsteilnehmer im Saal verschwunden waren und Hessler die Tür hinter sich zugezogen hatte. Kurz darauf dröhnte lautstarkes Altmänner-Gegröle aus dem Saal. Wohl einer der üblichen Herrenwitze von Kottmons, dachte Hanna mit Schaudern. Sie eilte zum rückwärtigen Eingang des Saals. Von hier aus hatte sie einen Ausschnitt der Szenerie im Saal im Blick, konnte aber selbst nicht gesehen werden. Sie stellte das Aufnahmegerät vorsichtig auf den Boden und setzte es in Betrieb.

Langsam ebbte das Schwatzen ab. Der erste Tagesordnungspunkt war ein Antrag der Herren Reismann-Stilz und Hessler. Die beiden hatten offenbar seit einigen Monaten die Kündigung der Leiterin betrieben, nachdem es immer wieder zu Unstimmigkeiten gekommen war. Anlass gaben die Neuankäufe mit bedenklicher Herkunft, die Reismann-Stilz und Hessler dem Museum gegen den Einspruch der Leiterin ʽvermitteltʼ hatten. Reismann-Stilz stieß wirr klingende Anschuldigungen hervor und sein dünnes Stimmchen überschlug sich dabei mehrfach. Besonders skurril war, dass er seinem stark hessisch geprägten Dialekt eine Art von italienischem Zungenschlag verlieh. Er ahmte die typischen Eigenheiten von italienischen Muttersprachlern im Deutschen nach, zog die Silben auf manierierte Weise lang, blies sie auf und zerkaute sie. Er selbst empfand dies offenbar als besonders weltmännisch und distinguiert, sogar wohlklingend. Hessisch mit pseudo-italienischem Einschlag, dachte Hanna, der Rumpelstilz hat echte Comedy-Qualitäten.

Kottmons nickte anerkennend, als Reismann-Stilz seinen Redeschwall beendet hatte. „Ja, wir alle stimmen Ihnen natürlich zu, verehrter Herr Doktor", schleimte er. An das Plenum gewandt fügte er mit künstlicher Empörung hinzu: „Man stelle sich nur vor, kürzlich hat sie sogar gefordert, dass man die Provenienzen sämtlicher Bilder prüfen müsste, bevor man sie ankauft oder ausstellt. Dabei hatte sie es insbesondere auf die Bilder und Sammlungen abgesehen, die unser verehrter Herr Doktor uns vermittelt hat! Sie versucht immer wieder, seine Kompetenz und Seriosität in Frage stellen, und das nur, um sich selbst in den Vordergrund zu spielen. Ungeheuerlich! Mit so einer Person kann man einfach nicht arbeiten."

Ein zustimmendes Raunen erhob sich im Saal. Borkamp brachte die Runde mit einem lauten Ruheruf und eisigem Blick zum Schweigen. Hessler hatte sich derweil bequem im Stuhl zurückgelehnt und die Hände über dem Wanst gefaltet. Er wirkte hochzufrieden. Da ist jemand mit seinen Intrigen am Ziel, dachte Hanna. Niemand wird mehr Fragen stellen, Aufgaben zuteilen, ihn wegen des Zustands der Sammlung oder seiner übrigen Machenschaften zur Verantwortung ziehen. Vor allem aber kann er weiter ungestört Bilder entwenden und verhökern, ganz wie es ihm beliebt, dachte sie. Und dieser senile Verein hier deckt das alles auch noch.

Ex-Bürgermeister Hund war eingenickt und gab bei geöffnetem Mund ein kehliges Rasseln von sich. Auch Hasenmöller war weggedämmert. Abgesehen von Hanna schien das aber niemand zu bemerken. Nun ergriff der lila-braune Hilberz das Wort. Die Kündigung sei bereits formuliert und auf einen Zeitpunkt vor dem Unfall zurückdatiert, teilte er in schneidendem Tonfall mit.

Als Grund habe man Inkompetenz und Illoyalität angegeben. Das passe immer, ergänzte er mit einem zynisch klingenden Lacher. Vielleicht ließe sich ja auch bei den Spesenabrechnungen noch etwas finden.

Hanna wurde es speiübel. Sie hatte miterlebt, wie dieser eitle Geck ihre Chefin wochenlang bedrängt hatte. Und er war nicht der einzige gewesen. Auch der adipöse Bürgermeister hatte, stockbetrunken, nachts vor ihrem Fenster lautstark um Einlass gebettelt. Das war jetzt also die Rache der alten Böcke.

Hilberz erläuterte weiter, er habe den geschätzten Kollegen Maschke gebeten, einen der IT-Fachleute der Koblenzer Volkskasse den privaten Email-Account der jungen Dame durchforsten zu lassen. Da würde sich sicher noch der eine oder andere zusätzliche Kündigungsgrund finden lassen. Davon könne man ja nie genug haben, fügte er hinzu. Er rate dazu, noch heute den vordatierten Beschluss zu fassen und die Kündigung dann umgehend auf den Weg zu bringen.

Archidi und Hessler tauschten ein zufriedenes Grinsen aus und klopften sich gegenseitig auf die Schulter. Ex-Bürgermeister Hund schnarchte jetzt durchgehend. Hasenmöller war bei weit geöffnetem Mund und halb geschlossenen Augen in einen tiefen meditativen Zustand versunken. Wie ein Baby gluckste und schmatzte er vor sich hin. Borkamp und Schlächter tuschelten, Reismann-Stilz hantierte mit seinem Handy, Stupisevic schrieb eifrig für das Protokoll mit und schaute regelmäßig devot zu seinem Chef hoch.

„Ich fasse zusammen: Wir haben einen Beschluss", rief Kottmons in die Runde. Hasenmöller und Hund wurden nicht geweckt, aber im Sinne des Antrags gezählt.

Dann ergriff Borkamp erneut das Wort. „Zweiter Tagesordnungs-Punkt: Neue Leihgaben und Ankäufe für unsere Sammlung. Ich übergebe das Wort an unseren Herrn Generaldirektor Doktor Reismann-Stilz."

Es folgte ein ermüdender Vortrag über die Sammlung eines Herrn namens Josef Hausers. Dieser habe in den zwanziger und dreißiger Jahren eine bemerkenswerte Kunstsammlung zusammengetragen, so Reismann-Stilz. Teile dieser Sammlung seien ihm vor kurzem angeboten worden. Reismann-Stilzens manierierte Wortwahl, seine exaltierten Gesten und sein immer haarscharf an der Hysterie vorbeischrammender Tonfall ließen bei Hanna alle Alarmglocken schrillen. Merkt denn niemand außer mir, dass da etwas faul ist, fragte sie sich. Oder liegt es nur daran, dass ich die einzige bin, die hier überhaupt zuhört?

Die großartige Sammlung des Herrn Hausers, fuhr Reismann-Stilz fort, sei eine einzige Offenbarung. Er, Reismann-Stilz, wolle sie der Kunstwelt zum ewigen Geschenk machen, führte er mit hochgerecktem Kinn und stolzgeschwellter Brust aus. Ein Geschenk? Von Reismann-Stilz? Ein teures Geschenk würde das werden, wie man bald hören sollte. Die in Koblenz und an der ligurischen Küste lebenden Nachfahren des Sammlers wollten ihm die Minks für einige Monate als Leihgaben überlassen, führte er weiter aus. Er betonte ein weiteres Mal, dass es sich um ganz und gar fabelhafte, bislang unbekannte Hauptwerke des Künstlers handele. Zunächst plane er, einen Teil der Bilder für jeweils ein halbes Jahr nach Mohndorf kommen zu lassen. Die Runde raunte anerkennend. Reismann-Stilzens Vortrag war aber noch steigerungsfähig: „Meine Herren, liebe Freunde. Diese Bilder werden nicht nur das

Renommee unseres Museums gewaltig steigern, nein, wir werden ab sofort in der Weltliga mitspielen, meine lieben Freunde, ja, sie hören richtig, in der Welt-li-ga!"

Frenetischer Beifall. Reismann-Stilz nahm die Ovationen mit bescheidener Geste und gesenktem Blick entgegen.

„Dank dieser Leihgaben werden wir hier in Mohndorf alle paar Monate ein Groß-Event ausrichten können: Sponsoren-Dinner, Sonder-Vernissagen für Großmäzene, dazu exklusive Führungen sowie Sonder-Pressekonferenzen. Die Besucher werden in Scharen herbeiströmen. Mohndorf wird zum Kunstmekka Nummer eins in Europa. Der Rubel wird rollen, liebe Freunde!"

Klar, dachte Hanna zynisch, anstelle vor zwei Besuchern pro Woche gäbe es dann vielleicht drei. Vorübergehend zumindest.

Erneut anerkennendes Raunen im Saal. Ein gutes Dutzend gichtige Fingerknöchel klopfte Beifall wie eine überdrehte Pennäler-Klasse. Reismann-Stilz machte eine weitere Pause, wohl um die Spannung zu steigern. Dann nahm er, andächtig wie ein Priester, der die Hostien aus dem Schrein holt, drei Fotos aus einem Umschlag.

„Schauen Sie, liebe Freunde, das hier sind die ersten drei Meisterwerke, die wir der Öffentlichkeit präsentieren werden. Bitte reichen Sie sie weiter."

Die Fotos wurden mit großem `oooh´ und `aaah´ herumgereicht und von jedem in der Runde mit Kennermiene begutachtet. Reismann-Stilz sah dem eitlen Treiben zufrieden zu und setzte erneut sein allerbescheidenstes Lächeln auf.

Als die Fotos die Runde gemacht hatten und wieder im Umschlag verschwunden waren, kam er zur Sache. Die Dramaturgie ist gelungen, dachte Hanna, jetzt hat er sie im Sack.

„Nun, die Leihgaben kann ich dem Museum selbstverständlich nicht völlig kostenlos zur Verfügung stellen. Zum einen wäre da mein eigener nicht gerade geringer Aufwand an Zeit und Kosten. Hinzu kommt die Arbeit meines lieben Kollegen Donetti, der sich um die gesamte organisatorische Abwicklung kümmert. Dann erwarten die Hausers-Erbinnen eine kleine Entschädigung dafür, dass sie einige Monate auf ihre geliebten Werke verzichten müssen. Es ist eine Art Leihgebühr, die sich aber auf nur fünfzigtausend Euro pro Bild belaufen wird. Und schließlich sind da noch die bekannten Posten wie Versicherung und Transport. Alles in allem kommen wir also auf etwa zweihunderttausend Euro pro Leihgabe."

Jetzt machte sich doch ein leicht betretenes Schweigen breit. Einige der Anwesenden blickten scheinbar teilnahmslos auf ihre Tischvorlage, andere tauschten verstohlene Blicke mit ihren Nachbarn aus. Sechs Mal zweihunderttausend Euro zusammen zu zählen, das gelang den meisten noch so gerade. Und das für sechs Bilder, die nur als Leihgaben und für kurze Zeit ins Haus kommen sollten? Der Typ hat wirklich Chuzpe, dachte Hanna. Nicht zufällig geht ihm der Ruf des größten Abkassierers der westlichen Kunstwelt voraus.

Sie hatte eigentlich erwartet, dass irgend jemand aus der Runde angesichts der gigantischen Summen, die zur Diskussion standen, Bedenken anmelden oder zumindest eine Frage zur Provenienz der Bilder stellen würde. Aber es kam nichts. Der gesamte Beirat blieb stumm. Kottmons ergriff erneut das Wort. „Wie ich sehe, haben Sie unsere lieben Freunde restlos überzeugt, Herr Doktor. Über die genauen finanziellen Modalitäten werden wir uns noch zeitnah in kleinerer Runde austauschen", fügte er mit Blick auf Schlächter, Hilberz und Borkamp hinzu.

Reismann-Stilz rieb sich wie ein orientalischer Teppichhändler die Hände. Kottmons wies Stupisevic an, im Protokoll zu vermerken, dass auch hinsichtlich der Leihgaben Hausers ein einstimmiger Beschluss gefasst worden sei.

Hasenmöller war beim Stichwort `finanzielle Mittel´ aus seinem Dämmerzustand hochgeschreckt. Auch er habe noch etwas einzubringen, fiepte er nervös in die Runde. Er habe zwei Bilder, die er dem Museum verkaufen wolle. Also nein, nicht wirklich verkaufen, sondern schenken. Schenken gegen eine Spendenquittung, korrigierte er sich erneut. Ganz exzellente Ware sei das, bekräftigte er mehrmals.

Borkamp griff entnervt ein. „Aber Herr Doktor Hasenmöller, wir haben Ihnen doch gerade erst ihre Sammlung abgekauft. Ich denke, das reicht jetzt mal fürs Erste."

Volkskassen-Schlächter war ebenfalls hochgeschreckt. „Rischtisch! Unser Dukatenesel scheißt zwar schon sehr fleissisch, aber er kann doch nit immer die Jleischen vollscheißen. Gezz sind auch mal die anderen dran."

Archidi blickte sich hektisch um. Und was ist mit mir, sagte sein panischer Blick, ich wäre doch jetzt an der Reihe gewesen. Auch er hatte noch Minks, die er dringend versilbern musste. Hilberz, der die ganze Zeit gelangweilt seine Nägel poliert hatte, meinte voller

Herablassung: „Einer nach dem anderen, meine Herren. Bitte keinen Futterneid! Wir alle haben noch schöne Bilder, die der Verein kaufen sollte, aber wir müssen doch realistisch sein. Schließlich können wir nicht jedes Jahr endlos viele Millionen von Kulturstiftungen oder aus kommunalen Mitteln abgreifen. Irgendwann wird das publik und dann stehen womöglich Prüfungen an. Mit der Folge, dass wir danach nicht mehr ganz so leicht an die Fördertöpfe herankommen. Also Gemach. Alle kommen dran, aber immer schön der Reihe nach."

Die Aufregung legte sich wieder. Es war inzwischen kurz vor vier. In wenigen Minuten würde die Kaffeepause beginnen. Hanna versteckte den Recorder hinter einem Hygrometer und eilte zurück zum Haupteingang. Einige Sekunden später stand sie wieder hinter dem Garderobentisch und beobachtete, wie die alten Männer aus dem Saal strömten und das Buffet stürmten.

19.

Eine gute Stunde später begann der zweite Teil der Sitzung. Die Gierigsten stopften sich noch schnell ein paar Lachshäppchen in den Mund und gingen dann schmatzend und laut schwadronierend zurück in den Sitzungssaal. Als sich die Tür hinter ihnen geschlossen hatte, lief Hanna zurück zum Hintereingang des Saals und setzte den Recorder wieder in Betrieb.

Borkamp erteilte Reismann-Stilz erneut das Wort. Langsam ebbte das Geplapper ab.

„Geschätzte, liebe Freunde", hob er nach einem quiekenden Räuspern an. „Es ist also beschlossene Sache. Schon in Kürze werden wir die großartigen Leihgaben der Sammlung Hausers hier bei uns zu Gast haben. Drei Bilder im ersten und drei weitere im darauffolgenden Halbjahr." Er checkte mit einem kurzen Blick in die Runde, wie die Reaktion auf seine Ankündigung ausfiel. Alles blieb ruhig. Er legte den Kopf schief und senkte das Kinn. Offenbar war dies seine Lieblingspose, wenn er den sinnierenden Herrn Doktor gab.

„Aber jetzt möchte ich zum Höhepunkt meiner heutigen Mitteilungen kommen. Sie, liebe Freunde, sind die ersten, die es erfahren." Wieder ging er scheinbar in sich. „Wir können uns ein weiteres, ungeheuer wichtiges Mink-Konvolut sichern. Und im Gegensatz zu den Hausers-Bildern können wir diese Werke sogar erwerben, ja, Sie hören richtig, wir können sie käuflich erwerben!"

Und er begann, ausschweifend und umständlich, wie es seine

Art war, dem Vereinsbeirat die Geschichte einer grandiosen Entdeckung aufzutischen. Die Story hatte es in sich und die Runde hing wie gebannt an seinen Lippen. Geschichten von Funden auf Dachböden oder in geheimen Kammern waren bei Kunstfreunden dieser Couleur fast so beliebt wie Märchenstunden bei Vierjährigen.

Er habe bei einem Ausflug zu Minks ehemaligem Wohnort in Italien eigentlich nur noch einmal die verbliebenen Skulpturen und Wandmalereien des Hauses bewundern wollen, begann Reismann-Stilz. Nur aus alter Sentimentalität sei er noch einmal durch das Haus gegangen. Und da sei ihm doch tatsächlich in einem Abstellraum im Untergeschoss eine Gipswand aufgefallen. „Die habe ich einreißen lassen und dahinter - es war wie ein Wunder - dahinter kamen sechs großformatige Minks zum Vorschein. Frühwerke, stellen Sie sich das einmal vor, meine Herren, Frühwerke! Ganz und gar fabelhafte, bislang unbekannte Frühwerke." Es selbst könne sein Glück noch immer kaum fassen. „So etwas passiert selbst einem großen Wissenschaftler wie mir nur einmal im Leben. Ich bin dem Schicksal ja so unendlich dankbar."

Seine Gefühle schienen ihn zu überwältigen. „Unser Museum braucht diese Bilder. Es braucht sie, um nicht den Anschluss an die Weltelite der internationalen Museumsszene zu verlieren. Das sind Bilder, auf die die Welt gewartet hat!"

Dann wurde er leiser, schien sich wieder zu sammeln. Oha, jetzt kommt wohl wieder der finanzielle Teil, dachte Hanna. Und tatsächlich. Reismann-Stilz führte aus, dass er den derzeitigen Eigentümern des alten Hauses die Werke für eine stattliche Summe habe abkaufen müssen, da sie sonst, wie er mit dramatisch klingendem

Unterton erklärte, in falsche Hände geraten wären. Zur Zeit befänden sich die Bilder bei ihm, in seinem Anwesen nahe Mailand. Aber die Seelenheimat dieser Bilder sei nicht bei ihm, nein, hierher und nur hierher gehörten sie, beschwor er seine Zuhörer. An Minks Geburtsort, den einzigen Ort, an dem ein Jahrhundert-Genie wie Mink habe erblühen können. Hanna grauste es. Die grauen Männer hingegen schienen tief bewegt.

„Und nur, weil ich sicher war, dass Sie meine Initiative gutheißen würden, liebe Freunde, bin ich ohne Zögern in Vorleistung getreten. Es handelt sich auch um sechs Millionen, die ich vorgestreckt habe - was angesichts der Grandiosität dieser Werke ein Spottpreis ist."

Erneut trat ein leicht betretenes Schweigen ein. Einige der Anwesenden schauten verstohlen zu den Meinungsführern hinüber. Erst die Hausers-Leihgaben, die ein Vermögen kosten würden, und nun auch noch ein Ankauf für sechs Millionen? Wie sollte das alles finanziert werden? Das beklommene Schweigen dauerte an und Reismann-Stilz wirkte auf einmal etwas beunruhigt.

„Es wird doch wohl noch etwas in unseren Töpfen sein, oder?" zischte er mit einem scharfem Seitenblick auf seine Freunde aus dem Vorstand. Im letzten Satz hatte er merklich im Ton angezogen. Das war keine Bitte und auch kein Vorschlag. Das war ein knallharter Auftrag. Er wusste, dass er den Verein in der Hand hatte. Spurten sie nicht, würde er schlicht und einfach seine Tätigkeit einstellen. Ohne ihn und seine Kontakte wären diese popligen Provinzler doch aufgeschmissen, schien er zu denken.

Kottmons beeilte sich erneut, in verbindlichster Politiker-Manier zu versichern, dass man alles tun würde, um die Finanzierung wunschgemäß auf die Beine zu stellen. „Keine Sorge, das werden wir schon stemmen. Insbesondere die Herren Borkamp und Hilberz haben doch die besten Kontakte in die obersten Riegen der Politik, vor allem zu denjenigen, die die großen Kulturetats verwalten."

Wer in dieser Runde wohl alles von diesen Millionendeals profitierte, fragte sich Hanna. Gerade die Herren Meinungsführer unterstützten diese Luftnummern ganz sicher nicht aus reinem Altruismus und aus aufrichtiger Liebe zur Kunst.

„Dann sind wir uns ja einig", quäkte Reismann-Stilz und rieb sich erneut die Hände. „Wir werden unsere Vereinbarung zu den Leihgaben der Sammlung Hausers, aber auch den Ankauf des Konvoluts in den nächsten Tagen vertraglich festklopfen. Ich habe meinen Anwalt schon beauftragt, die Verträge aufzusetzen."

Und wieder hat keiner auch nur eine einzige Frage bezüglich der Herkunft der Bilder gestellt, dachte Hanna, als die Sitzung zu Ende ging und sie zurück zum Eingangsbereich eilte.

Kurz darauf stand sie wieder an der Garderobe und gab mit inzwischen versteinerter Miene die Mäntel der Sitzungsteilnehmer heraus. Einem Gespräch zwischen Archidi und Stupisevic konnte sie entnehmen, dass der harte Kern des Beirats die Zusammenkunft in einem einschlägigen Etablissement fortsetzen würde. Klar, dachte sie, heute gibt es richtig was zu feiern, nämlich zwei fette Millionendeals. Man würde es so richtig krachen lassen.

Aber wer war denn nun der eigentliche `Pate´ der Runde? Wer

war es, der hier die Strippen zog? Sie hatte das unbestimmte Gefühl, dass sich die Machtverhältnisse etwas anders gestalteten, als man es zunächst vermuten würde. Der aalglatte Hilberz schien eine zentrale Rolle zu spielen. Offenbar überließ er aber das schmutzige Alltagsgeschäft den Reismann-Stilzens, Schlächters und Kottmons dieser Welt. Er schien sich seine manikürten Finger nicht gern schmutzig zu machen.

Nicht zu unterschätzen waren wohl auch diverse Mitspieler aus der zweiten Reihe: Eitle, selbstgefällige alte Männer, die auch nach ihrer Pensionierung so habgierig und machtgeil waren wie eh und je. Sie und ihre seit Jahrzehnten gut geschmierten Verbindungen waren für den Verein und das Netzwerk Gold wert.

So also läuft es mit der Finanzierung von sogenannten Kulturprojekten in diesem Land, dachte sie. Der vermilbte Frosch fordert sechs Millionen für eine Luftnummer und bekommt sie, ohne jede Prüfung. Eine Kulturförderung, die nur der Selbstinszenierung dieser kulturlosen Provinz-Elite zugute kommt. Wohin man in Mohndorf auch blickte - nichts als gnadenlose Vetternwirtschaft, schäbige Selbstbedienungsgeschäfte, Mauscheleien, Begünstigung, Veruntreuung von Steuermitteln und knallharter Betrug.

20.

Am Abend hörten sie sich den Mitschnitt der Beiratssitzung gemeinsam an. Luc schüttelte immer wieder ungläubig den Kopf, insbesondere als es um die von Reismann-Stilz geforderten, wahnwitzigen Summen und seine abstrusen Provenienz-Angaben ging. „Warum nur trägt er immer so dick auf? Dieses Märchen mit der geheimen Kammer glaubt ihm doch kein Mensch", meinte sie zu Hanna.

„Diese Typen im Beirat interessieren sich nicht im Geringsten dafür, ob er Märchen erzählt, ob die Bilder echt sind und was er dafür kassiert. Ich vermute mal, dass fast alle in der Runde in irgendeiner Weise von diesen Millionendeals profitieren. Alle wissen mehr oder weniger genau Bescheid, was gespielt wird. Verein und Museum sind nur die Kulissen, hinter denen die Geschäfte des Vereins diskret abgewickelt werden können. Das Schmierentheater mit den Sitzungen und Beschlüssen wird einzig und allein für das Protokoll abgehalten. Und das wiederum braucht man, um den vereinsrechtlichen Auflagen zu genügen und die steuerlichen Vorteile abzugreifen."

„Übrigens habe ich mir heute Nachmittag im Internet das eine oder andere zu dieser ominösen Sammlung Hausers herausgesucht. Die beiden jungen Damen, die Reismann-Stilz die Bilder vermittelt haben, sind zwar tatsächlich Enkelinnen eines Herrn Hausers aus Köln, nur hatte der mit Kunst rein gar nichts am Hut. Er war ein kleiner Handwerker aus eher ärmlichen Verhältnissen. Erschwerend kommt hinzu, dass er in den späten Dreißigern noch ein Teenager war, also ganz sicher kein vermögender Kunstsammler, der Hunderte von Meisterwerken gesammelt hat.

Die Geschichte um die Herkunft dieser Sammlung ist also schon mal mit allergrößter Wahrscheinlichkeit erfunden. Und warum erfindet man eine Provenienz für eine Sammlung? Ganz einfach: Weil die Objekte nicht echt sind und man eine seriös klingende Herkunftsgeschichte braucht, um das Zeug an den Mann zu bringen."

21.

Hessler war am nächsten Tag ausnahmsweise relativ friedlich gestimmt. Er führte seine Telefonate in einer normalen Amplitude und lief gut gelaunt und mit hochgerecktem Kopf durch die Büros. Lag das daran, dass in der Beiratssitzung alles zu seiner Zufriedenheit verlaufen war? Oder waren die ersten Zahlungen aus dem Verkauf der gestohlenen Bilder auf seinem Konto eingegangen? Auf jeden Fall stand seine Machtposition jetzt unangefochten fest, dachte Hanna. Er hatte es geschafft, erst seine Vorgesetzte, dann diese nervige Göre mit ihrer Familiensammlung und schließlich auch noch die dumme kleine Volontärin wegzubeißen. Das waren doch durchaus angenehme Dreingaben zu den finanziellen Highlights der vergangenen Monate. Er würde sich jetzt ein linientreues Team aufbauen. Schließlich gab es genügend arbeits- und skrupellose Kunsthistoriker, die für einen Job im Museum schlichtweg alles tun.

Am frühen Nachmittag wurden zwei großformatige Werke aus der Restauratoren-Werkstatt angeliefert, zu Händen des Herrn Direktor Hessler persönlich. Hessler war aber wie üblich schon im Feierabend, also nahm Hanna das Paket entgegen. Ob das schon die ersten Leihgaben der Sammlung Hausers waren? Oder die `Meisterwerke´ aus der Abstellkammer? Sie widerstand der Versuchung, das Paket aufzureißen und rief stattdessen die zuständige Restauratorin an, die den Lieferschein abgezeichnet hatte. Hanna behauptete, ihr Chef, der eigentliche Empfänger der Sendung, sei verreist und sie wisse nicht, wann er wieder im Lande sei.

„Um was für eine Lieferung handelt es sich denn überhaupt?" fragte sie. „Sind das Leihgaben oder Neuerwerbungen?" mimte sie die Ahnungslose. Ohne nähere Angaben könne sie die Bilder nicht aufnehmen und bei der Versicherung melden. Das wäre gegen die Vorschrift, fügte sie sehr bestimmt hinzu.

„Es tut mir leid, aber wir haben leider nur sehr wenig Informationen zu diesen Bildern erhalten", antwortete die Restauratorin. Sie seien vor vier Tagen von einem italienischen Händler angeliefert worden, berichtete sie, ohne Titel, ohne Werkverzeichnis-Nummern und ohne Angaben zur Provenienz. Der Händler habe erwähnt, dass die Bilder aus einer Privatsammlung stammen, habe sich aber ansonsten sehr zugeknöpft gegeben. Auffällig habe sie gefunden, dass der Versicherungswert mit zehn Millionen Euro bemerkenswert hoch angesetzt sei. Mehr wisse sie allerdings auch nicht.

Hanna ließ nicht locker. „Wissen Sie, gerade bei dieser Größenordnung muss ich die Bilder unbedingt bei der Versicherung anmelden. Stellen Sie sich vor, wir hätten einen Wasserschaden oder Einbruch und die Bilder wären nicht versichert. Ich wäre schuld ...", flötete sie.

„Ich verstehe", kam vom anderen Ende der Leitung. „Der Händler, der sie geliefert hat, meinte, es handele sich um bislang unbekannte Werke. Das erklärt schon einmal, warum es keine Werkverzeichnis-Nummern gibt. Er sagte noch, er würde die Bilder in einem halben Jahr wieder abholen. Die Fotos, die wir angefertigt haben, sowie eine Kopie unserer internen Dokumentation habe ich übrigens an die Expertise von Reismann-Stilz geheftet.

Das liegt alles dem Paket bei. Das könnten Sie doch schon einmal an die Versicherung weiterleiten", fuhr sie fort. „Nicht gerade erste Qualität übrigens, diese geheimnisvollen Neuzugänge. Es hat uns schon etwas gewundert, dass ihr so etwas überhaupt ausstellt", fügte sie noch stichelnd hinzu.

Ok, dachte Hanna, die Bilder stammen also aus einer Privatsammlung und werden in einem halben Jahr wieder abgezogen. Das ist doch schon mal eine Information. Es müsste sich also um die erste Tranche der ominösen Hausers-Leihgaben handeln.

„Wäre es denn möglich, dass Sie mir die Fotos aus der Restaurierung und all das, was Sie vom Händler an Informationen und Dokumenten erhalten haben, kurz zumailen? Ich müsste das Paket dann nicht aufreißen, hätte aber schon einmal etwas für die Versicherung. Alles Weitere wird mein Chef erledigen, wenn er nächste Woche wieder im Lande ist. Ich wäre Ihnen wirklich ewig dankbar."

Eine Viertel Stunde später hatte Hanna sämtliche Dokumente zu den Bildern in ihrem Postfach. Die Echtheits-Gutachten von Reismann-Stilz, die aus zwei inhaltsfreien, offenbar von Juristenhand vorformulierten Sätzen bestanden, fand sie besonders bizarr.

Sie kopierte die Dateien auf ihren Stick, löschte die Mail der Restauratorin und transportierte die Bilder anschließend in den Keller. Zuletzt legte sie Hessler den Lieferschein mit einer Kurzinfo, dass sie das Paket entgegengenommen habe und es im Keller eingeschlossen habe, in den Posteingangskorb.

22.

„Eigentlich ist das jetzt ein sehr ungünstiger Zeitpunkt für deine Kündigung", meinte Luc halb im Scherz, als Hanna ihr von der Lieferung der ersten Hausers-Bilder berichtete. „Sie sind sich ihrer Sache inzwischen so sicher, dass sie immer unvorsichtiger werden. Sie spielen uns das Beweismaterial ja geradezu in die Hände. Komm doch nach der Arbeit vorbei. Wir essen etwas Kleines und sehen uns gemeinsam deine Ausbeute des heutigen Tages an."

„`Malen nach Zahlen´ für Anfänger", meinte Luc, als sie am Abend gemeinsam am Rechner saßen und sich durch die Dokumentation der Hausers-Bilder klickten. „Amüsant sind allenfalls die Rückseiten mit all diesen hübsch gestalteten Galerie-Aufklebern. Die sollen wohl suggerieren, dass es sich ganz, ganz ehrlich um Bilder aus den dreißiger Jahren handelt", lachte sie. „Das ist ein uralter Trick, um die Bedenken möglicher Käufer zu zerstreuen. Dabei ist nichts einfacher, als ein paar Aufkleber zu fälschen", fügte sie abschätzig hinzu. „Der Fälscher hat es hier aber etwas zu gut gemeint - es sind einfach zu viele geworden. Wären sie echt, würde das bedeuten, dass die Bilder innerhalb weniger Jahre durch etwa fünfzehn Galerien gewandert sind, was an und für sich schon mal sehr unwahrscheinlich ist. Auffällig ist auch, dass sie so kunstvoll mit diesen kleinen Flecken verziert sind. Da hat jemand seinen Kaffee immer genau an der richtigen Stelle verschüttet ..."

„Und solche Fälschungen kommen dann für ein paar Monate als Leihgaben in ein Museum. So ein Museumsaufenthalt in der Provenienzliste wertet jedes Bild auf, selbst solche faden Gurken wie diese hier. Aus Käufersicht bedeutet der Museumsaufenthalt, dass das Bild von unabhängigen, seriösen Wissenschaftlern geprüft und für echt gefunden wurde. Das ist besser als jedes TÜV-Siegel. Darauf fällt fast jeder Käufer rein. Besonders gerne natürlich solche, die selbst wenig bis keine Ahnung haben und Kunst einzig und allein als Wertanlage betrachten."

„Wie es um die Unabhängigkeit und Seriosität mancher Wissenschaftler in unserer Branche bestellt ist, wissen wir ja inzwischen. Fakt ist, dass solche Bilder nach ihrer Zeit im Museum problemlos in den Kunstmarkt gedrückt werden können. Und zwar mit einer Wertsteigerung von Null auf ein paar Millionen."

Sie klickte noch einmal auf eine Detailansicht. „Ist dir eigentlich auch schon aufgefallen, wie dilettantisch diese Hausers-Bilder im Vergleich zu unseren Austausch-Fälschungen gemacht sind?"

„Vielleicht hat ein Fälscher allein es rein mengenmäßig nicht mehr geschafft und musste einen Teil der Arbeit auslagern. Und Fälscher Nummer zwei hat es einfach nicht so gut drauf", meinte Hanna. „Aber die Qualität ist doch ein eher unwichtiges Detail. Ob echt oder falsch - es sind eben nur Wandaktien und die müssen nicht gut oder schön sein, sondern nur viel Geld bringen."

„Fazit in Sachen Hausers: Provenienz erfunden, Bilder schrottig. Aber zumindest hatten sie eine ultrakurze Lieferzeit", feixte Luc. „Wirklich gespannt bin ich ja auf die Bilder aus der Abstellkammer. Ich würde die Besitzer von Minks altem Haus wirklich zu gern einmal fragen, ob die Bilder tatsächlich aus ihrem Haus stammen. Und ob es wahr ist, dass Reismann-Stilz ihnen dafür sechs Millionen auf den Tisch geblättert hat."

„Diese Dienstreise genehmige ich", meinte Hanna. „Allerdings
wissen wir doch eigentlich jetzt schon, wie die Antwort lauten
wird."

„Ich würde es einfach zu gern von den Eigentümern persönlich
hören. Also, was meinst du, willst du dir nicht doch einen Ruck geben?"

Hanna schüttelte den Kopf. „Sei mir nicht böse, aber ich brauche
zur Zeit einfach meine Ruhe. Außerdem habe ich meinen Eltern
versprochen, am Wochenende Haus und Hund zu hüten. Und
wenn ich meine letzte Arbeitswoche überlebt habe, will ich mich
einfach nur noch vor die Glotze setzen, mich berieseln lassen und
den Kühlschrank plündern ..."

23.

Am Tag zwei nach der Beiratssitzung war Hesslers Stimmung schon wieder gekippt. Offenbar war er auch bereits über ihre Kündigung im Bilde. Immerhin würde er jetzt die einzige Mitarbeiterin, die den Schein einer halbwegs funktionierenden Museumsverwaltung aufrecht erhielt, verlieren. Dann wird er sich eben um Ersatz kümmern oder seine eigene Präsenz hochfahren müssen, dachte Hanna ungerührt. Ab morgen bin ich krankgeschrieben und basta.

Als sie aus der Mittagspause zurückkam, stand ein Einsatzwagen der Polizei direkt vor dem Verwaltungseingang. War die Sache mit den Fälschungen aufgeflogen? Oder ging es um Kaczmarek? Sie betrat den Verwaltungstrakt mit einem mehr als unguten Gefühl.

Die Polizisten befanden sich in Hesslers Büro. Hessler schilderte gerade in schriller Stimmlage, dass ein Bild aus dem Museum gestohlen worden sei. Es handele sich um eines der wichtigsten Werke des Hauses, ein absolut einzigartiges und unersetzliches Werk, deklamierte er hysterisch. Hanna blieb wie zur Salzsäule erstarrt in der Mitte des Sekretariats stehen. Was hatte er vor? Ging es um die Fälschungen, die er mit Kaczmarek ins Museum geschleust hatte? Wollte er seiner Enttarnung zuvorkommen? Den Verdacht von sich ablenken?

Einer der Beamten fragte gerade, wann Hessler das fehlende Bild zuletzt gesehen habe und wie die Bilder befestigt gewesen seien.

Bildsicherungen existierten hier nicht, die habe die Leiterin nicht genehmigt, log Hessler dreist. Hanna packte die kalte Wut. Er und Reismann-Stilz waren es doch gewesen, die immer wieder verhindert hatten, dass Bildsicherungen, Videoüberwachung und eine funktionstüchtige Alarmanlage installiert wurden. Und seit den nächtlichen Austausch-Aktionen wissen wir auch, warum, dachte sie.

„Also nochmal von vorn: Wann haben Sie das fehlende Bild zuletzt gesehen?" fragte der Polizist.

Hessler begann zu hyperventilieren und inszenierte einen Hustenanfall. „Gestern. Gestern habe ich es gesehen", brachte er dann heraus. „Es muss also heute Vormittag passiert sein. Überprüfen Sie alle Mitarbeiter! Sofort! Ich bestehe darauf. Ich trage hier schließlich die Verantwortung", brüllte er.

Die Beamten zeigten sich von seinem Auftritt nicht sonderlich beeindruckt. „Selbstverständlich werden wir mit allen Mitarbeitern sprechen. Also nochmal zu den Fakten: Wann haben Sie das Bild zuletzt gesehen?"

„Sagte ich nicht gerade, dass es noch gestern Abend an seinem angestammten Ort hing?" blaffte Hessler lautstark zurück.

„Wir benötigen genaue Angaben", wiederholte der Polizist. „Zudem brauchen wir eine Liste mit den Namen und Telefonnummern aller Wachleute aus den Tages- und Nachtschichten."

Hessler schwieg und verschränkte die Arme vor der Brust. In dieser Abwehrhaltung lief er wie ein Tiger im Käfig in seinem Büro auf und ab. Hanna hatte das Gefühl, dass sich sein ranzig-saurer

Geruch bis ins Sekretariat ausbreitete. Übelkeit stieg in ihr hoch.

„Ich habe das Bild gestern Nachmittag um 18:30 Uhr gesehen, kurz bevor ich in den Feierabend gegangen bin, wenn Sie es genau wissen wollen", behauptete Hessler schließlich, ohne mit der Wimper zu zucken. Die Kollegin Otter könne das bestätigen, fügte er hinzu. Klar, dachte Hanna, nur dass er und Otter zu diesem Zeitpunkt schon seit mehreren Stunden im Feierabend waren.

Die beiden Polizisten betraten das Sekretariat. Hanna stand noch immer regungslos und inzwischen totenbleich in der Mitte des Raums. Einer der beiden Beamten fragte sie nach ihrem Namen und Aufgabenbereich und meinte freundlich, dass sie sicher zwangsläufig alles mit angehört habe und er insofern nicht mehr erklären müsse, worum es geht. Hanna nickte und sagte wie ein Roboter ihren Namen und ihre Funktion auf. Ob ihr gestern Abend oder heute morgen etwas Ungewöhnliches im Museum aufgefallen sei, fragte der Polizist. Nein, antwortete sie kaum hörbar. Gestern Abend habe sie bis sechs gearbeitet und heute morgen habe sie um neun angefangen. Im Museum sei sie schon seit einigen Tagen nicht mehr gewesen, fügte sie hinzu.

Es stünden massive Verdächtigungen vonseiten der Museumsleitung im Raum, meinte der eine Polizist, aber das habe sie sicher auch mit angehört.

Sie ahnte, was nun kommen würde. Sie schaute zu Hessler herüber, der sich in einer Art Terminator-Pose im Türrahmen aufgebaut hatte.

„Gut, dann sehen wir uns hier kurz um und gehen im Anschluss noch mal rüber ins Museum."

„Ist das Ihr Rucksack?" fragte der zweite Polizist plötzlich knapp und zeigte auf den Garderobenständer.

„Ja, da sind nur Bücher drin. Ich muss später noch zur Stadt-Bibliothek", antwortete sie automatisch und hätte sich im selben Moment am liebsten die Zunge abgebissen.

Hessler hatte ein höhnisches Grinsen aufgesetzt. Was in Gottes Namen habe ich diesem Irren eigentlich getan, fragte sie sich. Der Polizist öffnete ihren Rucksack. Er entnahm ihm ein quadratisches Etwas, das in ein schmutziges Handtuch gewickelt war. Es war das fehlende Bild. Es war natürlich keines der Parade-Bilder aus den Hauptsälen, sondern ein unbedeutendes kleines Machwerk, das normalerweise in einem der hinteren Säle hing.

Sie stand immer noch völlig starr da, unfähig, auch nur ein Wort herauszubekommen. Sie blickte verwirrt vom einen zum anderen.

„Ich wusste es doch gleich", geiferte Hessler, der immer noch in seiner triumphierenden Pose im Türrahmen stand. „Ich wusste es", wiederholte er und blickte beifallheischend in die Runde. „Diese Person", kreischte er und deutete mit ausgestrecktem Zeigefinger auf Hanna, „ist die Diebin! Man stelle sich nur vor, wir haben eine Diebin unter den eigenen Mitarbeitern."

Hanna bewegte sich wie in Trance auf den Polizisten zu, der das Bild in Händen hielt. Sie starrte es fassungslos an und brachte mühsam ein paar Worte heraus. „Bitte glauben Sie mir, ich habe das Bild nicht gestohlen und es auch nicht in meinen Rucksack gelegt. Ich würde so etwas nie tun."

Hessler keifte im Hintergrund weiter. „Eine Diebin im eigenen Haus ..."

Der Polizist meinte daraufhin mit einem kurzen Seitenblick auf Hessler, dass man hier offensichtlich nicht miteinander reden könne und dass es wohl besser sei, wenn sie mit auf die Wache käme. Es würde sich sicher bald alles aufklären. Hanna nickte und flüsterte noch einmal tonlos: „Sie müssen mir glauben. Jemand hat das Bild in meinen Rucksack gelegt."

Der Polizist hielt ihr einen durchsichtigen Plastikbeutel hin. „Erkennen Sie das?" Hanna nickte erneut.

„Die haben Frau Otter und Herr Hessler heute morgen in der unmittelbaren Nähe des Tatorts gefunden", erklärte der Polizist. Hanna blickte ungläubig erst auf die Haarspange, dann rüber zu Hessler. Sie fühlte sich wie unter einer Käseglocke, meilenweit vom Geschehen in diesem Raum entfernt.

Zwei Stunden später, nach vielen Fragen, Formularen und Unterschriften, verließ eine immer noch verstörte junge Frau die Polizeidienststelle Mohndorf.

24.

Luc brütete an diesem Tag über ihren Unterlagen zur Mohndorfer Sammlung. Sie fragte sich, ob sie anhand der Papiere, die sie und Frida im Keller entdeckt hatten, zumindest einige der Betrugsfälle in diesem Museum schlüssig nachweisen konnte. Fest stand, dass es jede Menge Ungereimtheiten im Zusammenhang mit den Sammlungs-Ankäufen gab. Bei mehr als neunzig Prozent aller Kunstwerke existierten weder Kaufbelege noch andere Dokumente, die Aufschluss über die Herkunft oder den Ankaufspreis hätten geben können. Bei den übrigen zehn Prozent gab es immerhin Beweise dafür, dass beim Kauf ein Vielfaches des eigentlich angemessenen Preises bezahlt worden war. Da hat sich also jemand über all die Jahre ein nettes Zubrot zu seinem sowieso schon üppigen Beamten-Gehalt ergaunert, dachte sie. Und als diese Person plötzlich nicht mehr alleiniger Herr über das Ankaufsbudget war, hat sie ihre Strategie einfach etwas abgewandelt, um nicht auf das liebgewonnene Zusatzeinkommen verzichten zu müssen.

Im vergangenen Sommer hatte Hanna per Zufall Kenntnis von einigen bemerkenswerten Vorgängen in Sachen Ankaufspolitik erlangt. Gewissenhaft wie sie war, hatte sie alles fein säuberlich schriftlich festgehalten.

Das befremdliche Geschäftsgebaren in diesem Museum beziehungsweise Verein zog sich diesen Informationen zufolge durch alle Ebenen. Ein besonders schillerndes Beispiel war der Ankauf der kleinen Mink-Sammlung des Herrn Doktor Hasenmöller: Dieser Herr war seit langem eng mit Hessler befreundet.

Zunächst einmal wurde er dank dessen Fürsprache auf ein Beiratspöstchen gehievt. In der Folge setzte Freund Hessler - als 'neutraler' Gutachter - einen völlig überhöhten Ankaufspreis für die Hasenmöllersche Sammlung fest. Wenig später zahlte der Verein Hasenmöller die Summe von fünf Millionen Euro aus.

Hannas Informant in dieser Angelegenheit war der nicht gerade rasend intelligente Assistent von Landrat Hilberz. Assistent Staupe war nicht nur geltungssüchtig, sondern auch extrem schwatzhaft. Anfangs hatte Hanna ihm nur aus reiner Höflichkeit und mit halbem Ohr zugehört, aber irgendwann merkte sie, dass er über ein erstaunliches Insider-Wissen verfügte.

Über den Fall Hasenmöller konnte Staupe sich stundenlang ereifern. Die vom Verein ausgezahlten fünf Millionen seien ein absoluter Fantasiepreis gewesen, so Staupe. Hessler habe das mit Hilberz eingefädelt, um gemeinsam groß abzukassieren. Als Hanna Staupe daraufhin erstaunt fragte, warum die Vereinsbeiräte derartige Geschäfte denn duldeten beziehungsweise mittrugen, antwortete er mit einem vielsagenden Grinsen und der Pinke-Pinke-Geste.

Wie viel an 'Payback-Punkten' im konkreten Fall an die Herren Vereins-Beiräte zurückgeflossen waren, konnte er nicht mit Sicherheit sagen. Den Gerüchten zufolge soll es sich um etwa drei Millionen gehandelt haben. Die restliche Summe hätten sich Hessler und Hasenmöller untereinander geteilt, so Staupe.

Somit hatten sich alle Beteiligten üppig bedient und nur der ahnungslose Steuerzahler war der Dumme. Denn der hatte jetzt eine unbedeutende Schrottsammlung für fünf Millionen Euro an der Backe.

25.

Es war ein offenes Geheimnis, dass sich nicht wenige Museen im In- und Ausland ähnlich krimineller Geschäftsmodelle rund um gefälschte oder wertlose Bilder bedienten. Die Dunkelziffer war Fachmeinungen zufolge sehr hoch. Luc war bei den Recherchen zu ihrer Doktorarbeit auf eine ganze Reihe von Skandalen gestoßen, die ganz ähnlich gelagert waren wie das Mohndorfer Betrugsmodell.

Einer der Skandale, ein besonders dreister Fall, hatte sich in den achtziger Jahren in Bayern zugetragen. Hauptakteur war der damalige Generaldirektor der Bayrischen Staatsgemäldesammlungen. Er war eng verbandelt mit dem bayrischen Ministerpräsidenten Strauß und dessen gesamter Amigo-Riege.

Im Laufe der Jahre hatte der Herr Direktor für die ihm unterstellten Museen eine Vielzahl von Bildern angeschafft, unter anderem auch einen Toulouse-Lautrec, einen Zurbaran, einen Millet und einen Liebermann. Nahezu alle von ihm erworbenen Bilder waren, wie sich später herausstellte, Fälschungen oder aber sonstige wertlose Machwerke.

Das Meisterstück des Herrn Generaldirektor aber war ein gefälschter Daubigny, der quasi aus dem Nichts aufgetaucht war. Zunächst wurde dem Bild eine noble Herkunftsgeschichte angedichtet: Beim Verkäufer beziehungsweise Vorbesitzer des Bildes handele es sich, so Museumsdirektor Steingräber, um einen Grafen aus der Dordogne. Erste Adresse also. Im Zuge der späteren Ermittlungen stellte sich allerdings heraus, dass der einzige Mensch dieses

Namens bereits vor fünf Jahrhunderten verschieden war und somit kaum als Verkäufer beziehungsweise derzeitiger Besitzer des Bildes in Frage kam. Erschwerend kam hinzu, dass der Verblichene nicht einmal über einen Adelstitel verfügte. Die Provenienz war also schon einmal frei erfunden.

Steingräber hatte offenbar nicht damit gerechnet, dass irgend jemand seine Angaben in Frage stellen oder gar überprüfen würde. Aber nicht nur der adlige Vorbesitzer war eine Erfindung. Die weiteren Nachforschungen zu besagtem Daubigny bestätigten, dass das Bild ganz sicher nicht aus der Hand Daubignys stammte. Es wurde gemunkelt, dass es sich statt dessen um ein Stück guter deutscher Wertarbeit handelte, gefertigt in den achtziger Jahren des 20. Jahrhunderts in der Fälscherwerkstatt Lämmle.

Diese Fälschung besaß - mit sehr viel gutem Willen - einen Marktwert von zweihundert Mark. Direktor Steingräber beziehungsweise der deutsche Steuerzahler bezahlte dem Händler aber über einen Strohmann in der Schweiz die unglaubliche Summe von 1,6 Millionen Mark für das Machwerk. Selbst für einen echten Daubigny hätte man damals maximal zweihunderttausend Mark zahlen müssen, keinesfalls aber einen Millionenwert.

Beim Ankauf eines weiteren Bildes, es handelte sich um einen unbedeutenden Toulouse-Lautrec, ließ Steingräber wenig später sogar 3,2 Millionen an seine Schweizer Strohmänner überweisen. Auch dieser Ankauf wurde aus Mitteln der Staatskasse finanziert.

Die beiden Journalisten Ahrens und Handlögten, die den Skandal aufgedeckt hatten, recherchierten noch eine Reihe weiterer höchst bedenklicher Ankäufe des Herrn Generaldirektor und kamen einem regelrechten Kunstkrimi auf die Spur. Sie enttarnten ein bandenmäßig organisiertes Netzwerk, das offenbar vom Chef persönlich aufs Raffinierteste dirigiert wurde.

1987 ging der Herr Direktor in Pension, dekoriert mit allen hohen Orden der Bundesrepublik. Seither lebt er an nobler Adresse am Tegernsee, in einer exklusiven Villa, die er wohl kaum mit den vergleichsweise bescheidenen Museumsdirektoren-Bezügen oder seiner Beamten-Pension finanziert haben wird. Gegen ihn wurde nie ermittelt. Das Netzwerk hielt, und zwar bombenfest.

Nach Steingräbers Pensionierung ließ sein Nachfolger im Amt die wertlose Daubigny-Fälschung, für die die öffentliche Hand 1,6 Millionen berappt hatte, aus den Ausstellungssälen entfernen. Daraufhin wurde ihm von höchster Stelle untersagt, weitere Ankäufe seines Vorgängers zu untersuchen oder sie gar aus den Ausstellungssälen zu entfernen. Der neue Direktor war, so die beiden Journalisten in ihrem Bericht, auch auf andere kriminelle Vorgänge in Sachen Ankäufe gestoßen. In fast allen Fällen fehlten - ähnlich wie in Mohndorf - die Ankaufsbelege.

Der neue Museumsleiter wurde bedroht, mundtot gemacht, kaltgestellt und geschasst - eine Vorgehensweise, die an unseriösen Museen immer wieder zu beobachten ist. Inzwischen achtet man allerdings bei der Besetzung von Leitungsjobs an Häusern dieser Sorte recht genau darauf, dass die Kandidaten zu hundert Prozent linientreu sind und bei allen anstehenden Betrügereien mitziehen.

Ungeheuerlich, in was für einer Bananenrepublik wir leben, dachte Luc, als sie noch einmal alles nachgelesen hatte, was ihre

Unterlagen zu dem Fall hergaben. Gerade die sowieso schon in jeder Hinsicht privilegierte Beamtenschaft lügt, täuscht, betrügt und sahnt ab, was das Zeug hält. Und dank ihrer gut geölten, kriminellen Netzwerke hat sie natürlich keinerlei strafrechtliche Konsequenzen zu befürchten.

Sie sah im online-Telefonbuch nach, ob der feine Herr Generaldirektor wohl immer noch in seiner Villa am Tegernsee lebte. Und tatsächlich, da war er. Er musste nun hochbetagt sein und lachte sich wahrscheinlich täglich eins ins Fäustchen, wie sensationell einfach es war, die Staatskasse um viele Millionen zu schröpfen.

Die Plaudertasche Staupe hatte Hanna unter anderem erzählt, dass auch der gepuderte Doktor Hasenmöller eine Villa am Tegernsee besaß. Zufall? Mit ein paar Klicks fand sie heraus, dass Hasenmöllers Villa sich in unmittelbarer Nachbarschaft zu Steingräbers Anwesen befand. Zudem waren beide Mitglied im selben örtlichen Lions Club.

Hatte Hasenmöller seinem alten Freund Hessler vielleicht von den einträglichen Methoden seines Nachbarn, des ehemaligen Herrn Generaldirektor, berichtet? Und hatte man daraufhin das Steingräbersche Modell mit vereinten Kräften nach Mohndorf transferiert?

Sie legte ihre Unterlagen mit einem Seufzer zur Seite und versuchte, an Erfreulicheres zu denken. Am Wochenende würde sie mit Philipp nach Italien fliegen - ein Lichtblick nach den Wochen im Mohndorfer Sumpf. Sie hatten vor, die Bewohner von Minks altem Haus zu besuchen und Reismann-Stilzens Angaben über das Haus und seine Abstellkammern zu überprüfen.

In ihren ersten Tagen in Mohndorf war ihr im Mink-Archiv ein Artikel über Minks ehemaligen Assistenten Toroni in die Hände gefallen. Vielleicht konnte er ihr weiterhelfen. Er war Anfang der fünfziger Jahre vom Rheinland aus an die ligurische Küste ausgewandert und hatte sich im selben Dorf niedergelassen, in dem auch Mink lebte. Er war von Haus aus Schreiner, arbeitete aber nun schon seit fast zwei Jahrzehnten erfolgreich als Bildhauer.

Seine Website war schnell gefunden. Sie fragte kurzentschlossen per Mail an, ob er am kommenden Wochenende vielleicht eine Stunde Zeit für sie erübrigen könne. Sie sei mit ihrem Freund in Imperia und würde ihn gerne kennenlernen. Sie erwähnte noch, dass sie bis vor kurzem im Mohndorfer Mink-Museums gearbeitet habe.

Bereits am nächsten Morgen lag seine Antwort in ihrem Postfach. „Liebe Frau Lampert, meine Frau und ich freuen uns, Sie kennenzulernen und von Ihrer Arbeit im Museum zu hören. Wenn Sie mögen, kommen Sie doch am Samstag gegen 17 Uhr zum Aperitif. Und wenn es Ihnen bei uns gefällt, dürfen Sie auch gern zum Abendessen bleiben."

Die zweite Mail an diesem Morgen stammte von Hanna. Sie berichtete, dass Hessler auf perfide Art und Weise versucht hatte, ihr einen Diebstahl in die Schuhe zu schieben. Sie stehe immer noch völlig neben sich. „Euch beiden viel Erfolg und eine gute Zeit in Italien. Wir sehen uns am Montag oder Dienstag. Bis dahin werde ich versuchen, mich wieder zu beruhigen."

26.

Vom Flughafen Genua aus ging es mit dem Mietwagen weiter nach Imperia. In ihrer Pension wurden überaus freundlich empfangen. Nach dem Abendessen setzte sich die Wirtin zu ihnen und fragte, was sie denn in dieser grauen Jahreszeit in ihre Gegend verschlagen habe.

Sie sei Kunsthistorikerin und arbeite an einigen Fragen zu Maurizio Mink, gab Luc Auskunft. Sie interessiere sich für das ehemalige Haus des Künstlers und wolle es sich einmal näher ansehen. Dort habe man vor kurzem ein wertvolles Bilder-Konvolut entdeckt, das über Jahrzehnte in einer verborgenen Kammer deponiert war.

„Das kann nicht sein, dort gibt es keine Bilder mehr", gab die Wirtin erstaunt zurück. „Es ist alles vor Jahrzehnten abtransportiert worden, richtig?" wandte sie sich an ihren Mann, der sich dazu gesetzt hatte.

„So ist es", bestätigte er. „Da werden Sie nichts mehr finden. Seit einem Jahr ist das Haus auch nicht einmal mehr bewohnt. Die Eigentümer sind nach Mailand gezogen. Aber ich denke, dass die Nachbarin von gegenüber einen Schlüssel hat", fügte er hinzu, als er Lucs enttäuschten Blick sah. „Vielleicht lässt sie Sie ja einen Blick ins Haus werfen."

Nach dem Frühstück machten sie sich auf den Weg. Die Nachbarin war von der Wirtin bereits telefonisch über den Besuch informiert worden.

„Ja", hob sie an, „jetzt sind leider auch noch die Nachbarn von gegenüber weggezogen. Immer mehr von uns Alten sterben weg oder müssen ins Heim, weil wir uns hier nicht mehr alleine versorgen können. Es gibt keine Geschäfte mehr und keine Ärzte. Die Häuser werden nach und nach von Ausländern aufgekauft. Aber ich will nicht klagen. Und Sie? Sie beide sind Kunstgeschichtler und befassen sich mit Maurizio Mink, wie ich gehört habe?" Luc bejahte und fügte hinzu, dass sie gekommen seien, um sich den Fundort des vor kurzem entdeckten Bilderhorts anzusehen.

Die Dame sah sie fragend an. „Da muss es sich um ein Missverständnis handeln. Ich kann Ihnen das Haus natürlich gerne zeigen, aber was meinen Sie mit Bilderhort? An Kunstwerken ist schon seit Jahrzehnten nichts, aber auch gar nichts mehr hier vor Ort zu sehen."

Luc und Philipp warfen sich einen kurzen Blick zu.

„Ja, damals, da hing das ganze Haus voll mit Friesen, Bildern, Zeichnungen …", fuhr sie fort. „Aber nach Minks Tod sind sie wie die Geier über alles hergefallen, was zu Geld gemacht werden konnte. Stellen Sie sich nur vor, die Bilder aus dem Atelier sind noch in seiner Todesnacht abtransportiert und erst einmal im Keller der Dorfschenke versteckt worden. Wir haben das erst viele Jahre später erfahren, als der Wirt sein Gewissen erleichtert hat. Aber wenn Sie trotzdem einen Blick ins Haus werfen möchten, gerne. Ich ziehe mir etwas Warmes über und dann kann es losgehen." Während die alte Dame in die Diele ging, kramte Luc das Protokoll der Beiratssitzung aus ihrer Tasche und las Reismann-Stilzens Schilderung des vorgeblichen Jahrhundertfunds vor.

Philipp konnte sich ein Grinsen kaum verkneifen. „Eine geheime Kammer, unentdeckt bis zum Tag, an dem ER, godfather himself, das Haus betrat? Wer soll denn so einen Unfug glauben?"

Kurz darauf standen sie zu dritt im Eingangsbereich des Hauses. Es sei erst vor zwei Jahren saniert worden, berichtete die Nachbarin. Vor knapp einem Jahr seien die beiden Nachbarn dann allerdings wegen der besseren medizinischen Versorgung nach Mailand gezogen. Philipp warf Luc einen vielsagenden Blick zu. Spätestens bei dieser Sanierung hätte man die geheime Kammer, so vorhanden, entdecken müssen, dachten beide.

Die alte Dame erzählte ausführlich, wie das Haus zu Minks Lebzeiten eingerichtet war. Sie erinnerte sich genau, wie es im Wohnbereich, im Garten und im Atelier ausgesehen hatte. „Der Garten stand voll mit Skulpturen, Objekten und allerlei Schrott. Ein herrliches Chaos. Der Anbau dort drüben war sein Atelier. An den Wänden hingen Dutzende seiner Gemälde und Zeichnungen", erinnerte sie sich. „Die Regale und Tische waren überladen mit Büchern, Malutensilien und Zeichnungen. Aber das ist leider alles verloren." Sie seufzte, stützte sich auf der Fensterbank ab und verlor sich für einen Moment in ihren Erinnerungen.

„Zumindest gibt es noch ein paar Fotos des Ateliers. Ich habe sie vor kurzem in einem Katalog gesehen", versuchte Luc sie zu trösten. „Die Bilder hingen tatsächlich dicht an dicht an den Wänden, genau wie Sie es beschrieben haben.

Aber sie scheinen allesamt verschollen zu sein, richtig? Auf dem offiziellen Markt sind sie jedenfalls nie wieder aufgetaucht."

„Was meinen Sie, könnte es nicht sein", fragte Luc vorsichtig, als sie nach ihrem Rundgang wieder im Eingangsbereich angelangt waren, „dass hier im Haus einige dieser Bilder aus dem Atelier wieder aufgetaucht sein könnten? Es hieß, sie seien über all die Jahre in einer Art Abstellkammer deponiert gewesen und man habe sie erst vor wenigen Wochen wiederentdeckt."

„Kommen Sie vom Finanzamt? Oder von einer Versicherung?" Die alte Dame blickte misstrauisch vom einen zum anderen.

„Aber nein", erwiderte Luc, „keine Sorge. Wie gesagt, ich bin Kunsthistorikerin und mein Freund Architekt. Unser Interesse ist rein privater Natur."

„Entschuldigen Sie meine Nachfrage, aber die Geschichte mit der Abstellkammer klingt wie eine Räuberpistole", meinte die alte Dame und runzelte die Stirn. „Sie müssen wissen, dieses Haus wurde unmittelbar nach Minks Tod an die derzeitigen Eigentümer verkauft - aber erst, nachdem wirklich alles abtransportiert worden war, was auch nur im Entferntesten nach Kunst aussah. Die Witwe hat mit Sicherheit nichts übersehen, was zu Geld gemacht werden konnte", fügte sie hinzu und ihre blauen Augen blitzten kurz auf. „Und dann war da noch dieser Kunsthistoriker. Er hat das Ganze organisiert. Ich erinnere mich noch gut an die Nacht nach Minks Tod. Mein Mann und ich haben beobachtet, wie alle Bilder und Skulpturen im Eiltempo weggeschafft wurden. Wahrscheinlich ging es darum, den Erben zuvorzukommen. Zwei Monate später fuhr dann ein Lastwagen mit einem großen Container vor. Die Witwe hatte einen Käufer für das Haus gefunden und ließ ihre gesamte Habe nach England verschiffen."

„Damit wäre also auch dieses Provenienz-Märchen widerlegt. Es gab und gibt keine geheime Kammer und auch keine zurückgelassenen Bilder", meinte Philipp, als sie langsam zurück in Richtung Hotel gingen. „Dann handelt es sich bei den Bildern, die gerade nach Mohndorf verhökert werden, auch wieder nur um ganz normale Fälschungen, richtig?"

Luc nickte. „Im Grunde war auch nichts anderes zu erwarten. Mich erstaunt aber jedes Mal aufs Neue, wie schnell diese Lügengeschichten in sich zusammenfallen. Im Fall Hausers hat es mich nicht einmal eine halbe Stunde Recherche gekostet, bis klar war, dass es nie einen kunstsammelnden Großvater Hausers gab."

27.

Über die Mittagszeit fuhren sie nach San Remo. Sie besichtigten die Altstadt und den Hafen, erstanden einen Dessert-Kuchen als Mitbringsel für die Toronis und machten sich am frühen Nachmittag wieder auf den Rückweg zu ihrer Pension. Während der Rückfahrt erzählte Luc, was sie bisher über Piero Toroni in Erfahrung gebracht hatte.

Um kurz nach fünf trafen sie wie verabredet bei den Toronis ein. Auf die herzliche Begrüßung folgte eine kurze Führung durch das Atelier und das Haus. Bald kam das Gespräch auf Mink und Lucs Tätigkeit im Museum.

„Ich habe in meiner Zeit dort einige seltsame Dinge erlebt. Es wäre abendfüllend, davon zu berichten", begann sie. „Unser Besuch in Imperia hat aber einen ganz konkreten Grund: Vor kurzem hat meine Kollegin Hanna im Zuge einer Sitzung erfahren, dass in Minks altem Haus hier in Imperia einige bislang unbekannte Frühwerke von Mink aufgetaucht sein sollen. Der Generaldirektor des Museums scheint sie selbst entdeckt zu haben. Er hat sie den derzeitigen Besitzern des Hauses abgekauft, sagte er. Er reicht die Bilder gerade für stolze sechs Millionen weiter nach Mohndorf", meinte Luc.

„Wir wollten uns den Fundort gern einmal mit eigenen Augen ansehen, vielleicht auch mit den Bewohnern des Hauses sprechen und hören, was es mit diesem vorgeblichen Sensationsfund auf sich hat. Heute Vormittag haben wir dazu übrigens schon ein paar interessante Auskünfte erhalten, zum einen von unserer Wirtin und zum anderen von der alten Dame, die schräg gegenüber von Minks Haus wohnt", ergänzte Philipp.

Signora Toroni lächelte ihnen ermutigend zu. „Das sind beides liebe Freunde von uns. Erzählen Sie nur. Und seien Sie versichert, es bleibt alles hier am Tisch."

Luc begann in groben Zügen zu schildern, was sie in ihren drei Wochen in Mohndorf erlebt hatte. Sie berichtete von den nächtlichen Raubzügen der Fälscherbande, vom Unfall der Sammlungsleiterin und vom Tod des Hausmeisters. Etwas ausführlicher wurde sie, als es um die Beiratssitzung und den `Jahrhundertfund´ in Minks Haus ging. Erneut nahm sie Hannas Protokoll der Beiratssitzung aus der Tasche und las die entsprechende Passage vor.

„Das verwundert uns alles überhaupt nicht. Den Herrn Generaldirektor kennen wir ja noch von früher. Er ging schon damals über Leichen und hat sich bereichert, wo immer er konnte", meinte Piero Toroni.

Seine Frau nickte. „Wir haben uns damals häufig Notizen gemacht. Vielleicht ist ja davon ja irgend etwas von Interesse für Sie. Außerdem gibt es noch Unmengen von Fotos, auch von den verschollenen Werken, die bis zu seinem Tod im Atelier hingen. Die können Sie sich bei Gelegenheit auch gern einmal ansehen."

Sie verschwand mit Philipp in der Küche, um den im Ofen brutzelnden Köstlichkeiten den letzten Schliff zu geben. Luc half ihrem Mann derweil beim Tischdecken.

„Wie gesagt, heute morgen haben wir uns also Minks Haus angesehen", berichtete Luc, während sie das Besteck auflegte.

„Die Nachbarin von gegenüber ist sich sicher, dass in den letzten Monaten niemand das Haus betreten hat, kein Handwerker, kein Besucher, und erst recht kein Kunsthistoriker, der dort Wände eingerissen haben will. Sie fand die Geschichte von einem geheimen Bilderhort völlig jenseitig. Es gab und gibt keine geheime Kammer in diesem Haus, sagte sie."

„Das kann ich nur bestätigen. Ich kenne das Haus seit über vierzig Jahren. Ich war dabei, als es nach Minks Vorstellungen umgebaut wurde. Ich kenne jeden Stein und jede Wand. Schließlich war ich zu Minks Lebzeiten fast täglich drüben. Bis zu dem Tag, an dem sich dieser Mensch dort eingenistet hat."

Er öffnete den Wein, während seine Frau und Philipp das Essen auftrugen, und kam auf Minks letzte Lebensmonate zu sprechen, ein Thema, das ihn sichtlich mitnahm.

„Nach seinem ersten Schlaganfall konnte man regelrecht zusehen, wie er von Tag zu Tag mehr verfiel. Seine Frau und Reismann-Stilz haben ihn systematisch von seinen alten Freunden und allem, was ihm Freude gemacht hatte, abgeschirmt. Wann immer ich anrief oder an der Tür läutete, hieß es, er wolle niemanden sehen. So manches Mal blieb ich stur vor der Tür stehen und läutete und läutete, bis die Klingel abgestellt wurde. Einmal zischte mir Reismann-Stilz durch den Türspalt zu, dass ich dort unerwünscht sei und verschwinden solle. Wie einen lästigen Straßenköter hat er mich verjagt.

Der alte Mann war den beiden völlig ausgeliefert. Sie hatten jetzt freie Hand. Denn nur darum ging es, um die Verfügungsgewalt über das Werk beziehungsweise den Nachlass. Sie haben übrigens nicht einmal seine nächsten Verwandten informiert, als er den

Schlaganfall hatte - das sagt doch schon alles, oder?"

„Seine Kinder erfuhren es dann aus der Presse, dass der Vater verstorben war. Es war eine schlimme Zeit. Wir haben uns so ohnmächtig gefühlt", murmelte Marie.

„Ziel war, die Erben, Minks Freunde, Weggefährten und das Finanzamt auszubooten. Bei der Steuerverwaltung haben sie angegeben, das Spätwerk sei komplett bedeutungs- und wertlos gewesen. Sie hätten es, um den Marktwert und die Gesamtbedeutung des Werks nicht zu schmälern, vernichten müssen. Natürlich hat ihnen das kein Mensch geglaubt, aber sie kamen damit durch, wohl auch durch den Einsatz von ausreichend Schmiermittel. Die rechtmäßigen Erben klagten auf Herausgabe des Nachlasses, allerdings ohne Erfolg. Zu dem Zeitpunkt war natürlich alles, was sich im Haus und Atelier befunden hatte, längst spurlos verschwunden."

Ein beklommenes Schweigen machte sich breit. „Was meinen Sie, wäre es nicht denkbar", fragte Luc in die Runde, „dass die Besenkammer-Bilder aus dem damals verschwundenen Nachlass stammen? Könnte es nicht sein, dass Reismann-Stilz und die Witwe die Bilder über all die Jahre irgendwo eingelagert haben und sie jetzt vorsichtig in den Markt schleusen?"

„Möglich wäre das schon", meinte Toroni. „Reismann-Stilz ist über neunzig und hat kaum mehr lange zu leben. Wenn er die Bilder damals nicht verkauft, sondern nur beiseite geschafft hat, müsste er jetzt sehr daran interessiert sein, die Bilder jetzt gut verkauft zu wissen, bevor er das Zeitliche segnet. Jetzt kann er die Verkäufe noch steuern. Er kann sich eigenhändig darum kümmern, diskrete und kooperative Käufer zu finden.

Jetzt kann er sich zudem noch eine halbwegs glaubwürdige Provenienz zurechtbasteln. Die Bilder hätten dann eine scheinbar saubere Herkunft und könnten ihm richtig viel Geld in die Kasse spülen."

„Warten wir es ab. Die Bilder kommen sicher bald in Mohndorf an und dann gehen wir der Frage nach", antwortete Luc.

28.

„Wäre es nicht eigentlich unsere Pflicht", fragte Toroni seine Frau, „unsere Nachbarn zu informieren, was man sich so alles über ihr Haus und dessen Abstellkammern erzählt?" Seine Frau schüttelte den Kopf und bat ihn leise, von seiner Idee Abstand zu nehmen.

„Aber was hast du denn, das ist doch der beste Weg, die Sache ein für alle Mal zu klären", beharrte er. „Die beiden müssen Bescheid wissen. Immerhin verbreitet Reismann-Stilz, dass sie Millionen für die Bilder kassiert haben", legte er ironisch nach.

„Aber wir wissen doch", versuchte Marie es noch einmal, „wie die Antwort aussehen wird. Du wirst die beiden mit Deinem Anruf nur unnötig beunruhigen." Aber er hatte den Hörer schon in der Hand. Er stellte den Lautsprecher an, damit alle mithören konnten.

„Nein", bestätigte die Dame am anderen Ende der Leitung, „in den letzten Jahren hat außer uns und unseren Kindern niemand das Haus betreten. Ganz sicher. Und abgesehen von der kleinen Vorratskammer in der Küche gab und gibt es keine Abstellkammer im Haus. Uns ist in all den Jahren sicher keine Ecke verborgen geblieben, erst recht keine Kammer mit Bildern", meinte sie mit zunehmend verärgert klingendem Unterton.

„Außerdem hätte natürlich niemand ohne unser Wissen das Haus durchsuchen und irgendwelche Wände einreißen können. Was für eine hanebüchene Geschichte! Was mich aber ernsthaft beunruhigt, ist die Behauptung dieses Herrn, er habe uns die Bilder abgekauft."

Sie besprach sich im Hintergrund kurz mit ihrem Mann. „Auf jeden Fall danken wir dir, dass du uns informiert hast, Piero. Ich denke, wir sollten einen Anwalt einschalten. Sonst bekommen wir am Ende noch Probleme mit den Steuerbehörden oder Minks Erben. Man könnte uns unterstellen, wir hätten im Haus Bilder aus dem Nachlass gefunden, sie an Reismann-Stilz verkauft und uns unrechtmäßig bereichert."

„Wir leiten euch die Pressemitteilung und Fotos zu, sobald die Bilder in Mohndorf angekommen sind. Dann hat euer Anwalt etwas Konkretes in der Hand", beschloss er das Telefonat.

Er entkorkte eine zweite Flasche. „Vielleicht hat sich Reismann-Stilz damit endlich selbst ein Bein gestellt. Diese Sache könnte sehr unangenehme Ermittlungen auslösen."

Marie Toroni schob die Teller und Schüsseln an das Ende der Tafel, holte einen Packen Fotos aus einer Schublade und reichte sie Luc und ihrem Mann.

„Dieses Foto ist bei unserer letzten Zusammenkunft entstanden", sagte er und wies auf eine Aufnahme, die Mink zusammengesunken vor seiner Staffelei zeigte. Die Wand im Hintergrund war mit einem Dutzend dicht gehängter, großformatiger Gemälde bestückt. Am rechten Rand des Fotos war ein Teil eines mannshohen Depotschranks zu erkennen.

„Allein diese Schiebevorrichtung enthielt etwa hundert Werke aus all seinen Schaffensphasen. Es waren seine Lieblingsbilder, allesamt unverkäuflich", erinnerte sich Piero Toroni.

„Und das alles soll nichts wert gewesen sein?" fragte Philipp.

Piero Toroni zuckte nur resigniert mit den Schultern. „Ich befürchte, wir werden nie erfahren, was damals wirklich mit den Bildern passiert ist. Wir wären aber schon froh, wenn die aktuelle Geschichte nicht wieder genau so kläglich im Sande verläuft wie all die früheren Skandale rund um Mink."

29.

„Wer ihm nutzt, wird hofiert und umgarnt, wer ihm nicht passt, wird einfach eliminiert, und das mit einer Kaltschnäuzigkeit, die ihresgleichen sucht. Er hat immer großen Wert auf seine engen Verbindungen in einflussreiche politische Kreise und zu sogenannten Promis gelegt. Er hat sich diesen Leuten als persönlicher Kunstberater angedient und für jede seiner Vermittlungen natürlich hohe Provisionen kassiert. Er hat sie aber nicht nur als nie versiegende Geldquelle, sondern auch als seinen persönlichen Schutzschild benutzt, beispielsweise wenn er Ärger mit den Steuerbehörden hat. Außerdem lassen sich diese Leute prima als Türöffner nutzen, wenn wieder einmal große Summen aus dem Staatssäckel benötigt werden, etwa für teure Ausstellungen oder andere Projekte. Und diese Ausstellungsprojekte sind für ihn wichtig, um wieder neue Kundschaft an Land zu ziehen. Und so weiter. Das perfekte Geschäftsmodell."

„Und so wurde aus einem kleinen Hessen mit Froschgesicht, dünner Stimme und dem Charisma eines Schalterbeamten einer der raffiniertesten Strippenzieher der Kunstwelt", fasste Piero Toroni sarkastisch zusammen.

„Haben Sie denn eine Ahnung, wo sich die gestohlenen Bilder aus Mohndorf jetzt befinden könnten?" fragte Marie Toroni. „Man kann Diebesgut doch nicht einfach bei Auktionshäusern oder in Kunsthandlungen einliefern, oder?

„Diese Frage habe ich vor kurzem einer ausgewiesenen Fachfrau gestellt, der Restauratorin eines großen Kölner Museums. Sie meinte, dass sich aus Museen gestohlene Originale in der Regel sogar sehr gut verkaufen lassen", antwortete Luc. „So lange Fälschungen unentdeckt im Museum hängen, wie in Mohndorf, droht den Fälschern kein Ungemach. Heikel wird es erst, wenn Originale und Fälschungen wieder aufeinandertreffen."

Drei Augenpaare blickten Luc verständnislos an.

„Ich gebe Ihnen ein Beispiel. Es handelt sich um einen Fall, bei dem durch ein zufälliges Aufeinandertreffen von Original und Fälschung eine Betrugsmasche aufgeflogen ist, die jahrelang hervorragend lief und dem Täter viele Millionen eingespielt hat.

Im Jahr 2000 hatte ein New Yorker Kunsthändler namens Sakhai bei Sotheby's einen Gauguin eingeliefert. Fast zeitgleich wurde das gleiche Bild bei Christie's angeboten. Das Konkurrenzangebot blieb dem jeweils anderen Auktionshaus nicht lange verborgen. Beide Auktionshäuser schickten daraufhin ihre Bilder zu einer anerkannten Gauguin-Expertin nach Paris. Die stellte fest, dass das bei Christie's eingelieferte Bild eine Fälschung war. Das von Sakhai selbst bei Sotheby's abgegebene Bild hingegen war das Original.

Es wurden polizeiliche Ermittlungen eingeleitet und schon wenig später stand fest, dass Sakhai einige Jahre zuvor eine Fälschung nach seinem Gauguin hatte anfertigen lassen. Diese hatte er - natürlich als vorgebliches Original - für eine gewaltige Summe nach Japan verkauft. Durch einen Zufall kam es zehn Jahre später wieder auf den westlichen Kunstmarkt. Unglücklicherweise bot Sakhai gerade zu dieser Zeit auch sein Original an, und zwar, nachdem er es über viele Jahre unter Verschluss gehalten hatte. Nun glaubte er, die Luft sei rein und die Fälschung, mit der er vor Jahren ein großes Geschäft gemacht hatte, läge immer noch friedlich im Tresor des japanischen Sammlers.

Sakhai hatte seine Betrugsmasche übrigens seit über zwei Jahrzehnten erfolgreich praktiziert, wie das FBI herausfand. Die Originale verkaufte er auf dem europäischen Markt, die Fälschungen wurden ahnungslosen Asiaten angedreht. Sie müssen bedenken, dass dies alles in den achtziger und neunziger Jahren passierte, als das Internet noch nicht existierte beziehungsweise in den Kinderschuhen steckte. Der Kunstmarkt war damals noch um Einiges intransparenter als heute."

„Eine unglaubliche Geschichte - aber vermutlich ist das nur die Spitze des Eisbergs, richtig?" fragte Marie Toroni.

Luc nickte. „Bei Tausenden von ähnlichen Betrugsfällen läuft es für die Gangster glatt. Die Betroffenen und die Öffentlichkeit erfahren nie etwas davon. Übertragen auf Mohndorf bedeutet das vor allem eins: Die Täter werden mit allen Mitteln verhindern, dass auch nur ansatzweise durchsickert, dass in Mohndorf Falschware hängt. Die geraubten Originale werden sie nur in absolut sichere Hände geben, will sagen an Sammler, die die Bilder in den nächsten Jahren garantiert nicht auf den Markt werfen. "

„Aber was heißt das konkret? Wer wäre denn für die Mohndorfer denn ein `sicherer Kunde´?" fragte Piero Toroni.

„Das Wahrscheinlichste ist", antwortete Luc, „dass die Bilder an Sammler verkauft werden, mit denen die Täter seit längerer Zeit in einem vertrauensvollen Kontakt stehen. Ideal sind Sammler, denen bewusst ist, dass die Bilder aus einem Museum stammen und dass es sich um Diebesgut handelt. Oder solche, denen es völlig egal ist, woher ein Bild stammt. Man hört immer wieder von reichen Spinnern, die bestimmte Bilder unbedingt besitzen wollen und bereit sind, dafür nahezu jeden Preis zu zahlen. Sie ordern auch schon mal ein Bild direkt von der Museumswand weg. Irgendwann jedoch stirbt dieser Käufer und die Erben bieten das Bild nichtsahnend auf dem Kunstmarkt an. In solchen Fällen kann es dann zu Verwerfungen kommen, wie wir es bei Sakhai gesehen haben. Bis dahin können allerdings Jahrzehnte ins Land gehen. Die Straftaten sind dann meist verjährt und die Täter bleiben ungeschoren."

„Wir lernen daraus", meinte Marie Toroni mit einem leicht maliziösen Lächeln, „dass man diesen Tätern möglichst zeitig das Handwerk legen muss."

30.

Kollegin Otter hatte sie per Email aufgefordert, ihre Schlüssel abzugeben und die neue Volontärin in ihren Aufgabenbereich einzuweisen. Heute um neun Uhr sollte sie sich in der Verwaltung einfinden. Sie war wie immer pünktlich, setzte sich ins Sekretariat und wartete. Aber weder Otter und noch die neue Volontärin tauchten auf. Nach einer Stunde fragte sie sich verärgert, ob sie die Schlüssel nicht einfach in den Briefkasten werfen und das Einarbeiten der neuen Volontärin der Kollegin überlassen sollte.

Auf jeden Fall bringt diese Neue die richtige Mentalität mit, dachte Hanna. Sie wird um Längen besser hierher passen als ich.

Kurz nach zehn Uhr machte sich in Hesslers Büro das Faxgerät bemerkbar. Sie dachte einen Moment nach, atmete tief durch, warf sicherheitshalber noch einen Blick auf den Mitarbeiter-Parkplatz und holte dann den Zweitschlüssel zu Hesslers Büro aus dem Hausmeisterschrank. Sie schloss das Büro auf und nahm das gerade durchgelaufene Fax aus dem Auffangkörbchen.

Mit breitem Filzschreiber war es als ʼpersönlichʼ gekennzeichnet. Dann werde ich jetzt aber nur ganz kurz hinschauen und das Gelesene sofort wieder vergessen, dachte sie spöttisch. ʼLiferung steht bereit, bitte abhohlenʼ. Eine interessante Rechtschreibung hat dieser Lieferant, dachte sie und konnte sich ein Grinsen kaum verkneifen. Sie lief mit ihrer Beute zurück ins Sekretariat, zog sich eine Kopie und verstaute sie in der Seitentasche ihrer Handtasche. Das Fax legte sie zurück ins Körbchen, schloss Hesslers Büro wieder ab, deponierte den Schlüssel im Hausmeisterschrank und sicherte ihn mit dem Code. Mit klopfendem Herzen setzte sie sich wieder ins Sekretariat. Um was für eine Lieferung es sich wohl handeln mochte? Sie ging in Gedanken alle Möglichkeiten durch, von einer Weinlieferung bis hin zu frischen Fälschungen.

Um halb elf trudelte ihre Nachfolgerin endlich ein. Hanna erklärte der kaugummikauenden jungen Frau im Eiltempo ihre Aufgaben und überließ ihr die Schlüssel gegen eine Empfangsbestätigung. Sie wollte das Haus bis elf Uhr verlassen haben, da sie keinerlei Sehnsucht danach verspürte, Hessler noch einmal über den Weg zu laufen.

Zurück in Köln, rief sie als erstes Luc an. „Du musst dir dieses Fax einmal ansehen. Es könnte eine heiße Spur sein."

Luc versprach, sich sofort aufs Fahrrad zu schwingen. „In einer halben Stunde bin ich bei dir."

Hanna nutzte die Zeit, um zum Bäcker zu laufen und alles für ein zweites Frühstück vorzubereiten. Jetzt fiel ganz langsam auch der restliche Druck von ihr ab. Der heutige Termin war der hoffentlich letzte Akt ihres Albtraum-Volontariats gewesen.

Als Luc läutete, war der Tisch gedeckt, der Kaffee gekocht, die Milch aufgeschäumt, die Faxkopie ausgepackt und das Notebook hochgefahren. Als erstes suchten sie im online-Telefonbuch nach der Nummer, die auf der Kopfzeile des Fax-Ausdrucks zu lesen war.

„Der Vorwahl nach müsste der Absender irgendwo tief im Südwesten sitzen. Ich hoffe nur, dass dahinter keiner dieser notorischen Eintrags-Muffel steckt", murmelte Luc, als sie die Zahlen eingab. Da erschien aber auch schon der Name des Absenders samt der kompletten Adresse und Telefonnummer. Er hieß Gottlieb Leible und wohnte in Weil am Rhein. Seiner Website zufolge fertigte er `Kopien nach Meisterwerken des 20. Jahrhunderts´, zudem `Landschaften, Porträts und Abstraktes´. Atelierbesuche könne man per Fax oder Telefon vereinbaren, hieß es. Eine Email-Adresse gab es nicht, dafür aber ein Foto des Malers im farbverspritzten Blaumann.

„Schau, Mink-Kopien hat er auch im Angebot. Viele, viele, schöne Minks. Es könnte wirklich sein, dass du den Produzenten unserer Fälschungen entdeckt hast.

Was würdest du von einem kleinen Ausflug nach Weil halten? So ein Atelier-Besuch bei Meister Leible könnte doch ganz aufschlussreich sein, meinst du nicht?"

„Danke, nein. Mein Bedarf an Adrenalinschüben ist nach den letzten Wochen mehr als gedeckt."

Luc ließ nicht locker. „Diese Spur könnte uns wirklich weiterbringen. Vielleicht holt Hessler seine Ware schon an diesem Wochenende ab. Stell dir vor, wir würden Leible vorab besuchen und uns ein wenig in seinem Atelier umsehen. Mit etwas Glück würden wir sogar Hesslers Bestellung zu sehen bekommen, also Bilder, die vielleicht demnächst in Mohndorf hängen."

„Und wie stellst du dir das vor? Sollen wir uns in Leibles Vorgarten auf die Lauer legen und warten, bis Hessler vorfährt und seine Bestellung abholt? Und wie sollen wir unseren Besuch begründen? Wie klassische Kunstkäuferinnen sehen wir beide nun wirklich nicht aus."

„Keine Sorge, da fällt uns schon was ein." Sie dachte einen Moment lang nach. „Wir könnten uns als Studentinnen ausgeben, die für eine Hausarbeit recherchieren. Übernachten können wir vielleicht bei meiner alten Studienfreundin Pia in Basel. Das Entscheidende wäre aber erst einmal, dass wir noch kurzfristig einen Termin bei Leible bekommen."

„Lass mich nur machen", flüsterte sie, während sie darauf wartete, dass am anderen Ende der Hörer abgenommen wurde. Es läutete einige Male, dann meldete sich eine ungehalten klingende, knarzende Stimme. Luc gab sich als Studentin aus, die gerade mit einigen Kommilitonen eine Studie über die Situation von Kunstmalern der Region verfasste. Sie behauptete, sie sei im Internet auf ihn gestoßen. Ob es vielleicht möglich sei, ihn in den nächsten Tagen für ein kurzes Interview zu besuchen? Vielleicht sogar schon morgen? Leible knurrte erst ablehnend, war dann aber doch geschmeichelt und sagte zu. Sie habe Glück, meinte er. Er habe gerade einen größeren Auftrag fertiggestellt und könne jetzt wieder ein wenig durchatmen.

„Etwas Ablenkung wird mir gut tun", fügte er wie im Selbstgespräch hinzu.

31.

„Am liebsten würde ich euch ja begleiten. Ein Fälscher-Atelier bekommt man schließlich nicht alle Tage zu sehen. Aber leider kann ich mir den Nachmittag nicht freinehmen. Ich habe noch einen Artikel abzuliefern", seufzte Pia, Lucs Basler Freundin, als sie nach der langen Fahrt bei einer kleinen Stärkung in ihrer Küche zusammensaßen. Um halb vier drängte Hanna zum Aufbruch. „Luc, wir müssen los. Um vier haben wir unseren Termin."

Um Punkt vier standen sie vor Leibles Haus am Stadtrand von Weil. Es sah aus wie alle übrigen Einfamilienhäuser der Straße: Mit Geranien geschmückte Fenster, im Vorgarten der übliche Nippes mit Gartenzwergen, Glasschmuck und bunten Beleuchtungselementen.

Auf ihr Läuten hin hörten sie erst einmal lange nichts, dann ein Gepolter und schließlich geräuschvolles Schlurfen. Die Tür wurde geöffnet und vor ihnen stand der Mann im Blaumann, den sie von der Website her kannten. Er wirkte leicht desorientiert und musterte die beiden jungen Frauen von oben bis unten. Als Luc sich vorstellte und an das gestrige Telefonat erinnerte, dämmerte es ihm. Er knurrte schlecht gelaunt, dass ihm die Sache mit dem Interview jetzt eigentlich überhaupt nicht passe. Er sei nämlich dabei, Bilder zu verpacken.

Er drehte sich ohne ein weiteres Wort um, ließ aber die Türe offen stehen und schlurfte zurück ins Haus. Sie tauschten einen verwunderten Blick aus und folgten ihm zögernd in sein Atelier.

Im Flur roch es nach einer Mischung aus Bohnerwachs, Terpentin und uraltem Muff. Alles war voll gestellt mit Bildern, leeren Rahmen, Sperrmüll und Umzugskisten, vertrockneten Pflanzen und Stapeln von alten, zugestaubten Kunstbüchern. Im Atelier herrschte ein ähnliches Chaos. Leible setzte sich ächzend auf seinen Hocker vor einem großen Tisch und nahm seine Verpackungsarbeit wieder auf. Luc zog sich einen Stuhl heran und nahm in etwa eineinhalb Metern Entfernung zu ihm Platz. Sie holte ihre Brille und einen Notizblock hervor und wartete ab. Hanna hielt sich unterdessen im Hintergrund und schaute sich diskret um.

Ohne von seiner Arbeit hochzusehen, meinte Leible dann irgendwann knurrend, sie sollten endlich anfangen mit ihren Fragen, er habe schließlich nicht ewig Zeit. Luc nahm das Gespräch in Angriff, so wie sie es während der Fahrt gemeinsam besprochen hatten.

Sie fragte ihn, ob er aus der Region stamme, sie fragte nach seinem Werdegang und ob er vorrangig kopiere oder frei male. Anfangs antwortete er nur unwillig und einsilbig, begann dann aber, etwas zusammenhängender zu erzählen. Schließlich ließ er seine Arbeit ruhen und wandte sich Luc zu. Er stamme aus einer Handwerkerfamilie im benachbarten Lörrach, erzählte er. In seiner Jugend habe niemand Verständnis für seinen Wunsch gehabt, Kunstmaler zu werden. Er musste eine Anstreicherlehre machen, habe aber weiterhin in jeder freien Minute gezeichnet und gemalt. Schon damals seien seine Blumen, Landschaften und Tiere auf den Flohmärkten der Region gut gelaufen. Irgendwann sei ihm ein Malerei-Lexikon in die Hände gefallen und er habe begonnen, die großen Bildwerke der Kunstgeschichte nachzumalen. Es folgten erste Besuche in Museen und Galerien in Freiburg und Basel. Er besorgte sich immer neue Bücher über seine Lieblings-Künstler und studierte deren Maltechniken. Seine Kopien nach den großen Meisterwerken liefen richtig gut, erklärte er, viel besser als seine Blumen, Tiere und Landschaften. Im Alter von dreißig Jahren hängte er den ungeliebten Anstreicher-Job an den Nagel und arbeitete fortan als Kunstmaler. Damit habe er seine Familie in den letzten zwanzig Jahren ganz gut über die Runden gebracht, fügte er hinzu.

Luc hielt das Gespräch geschickt in Gang, während Hanna sich weiter im Atelier umsah. Sie unterbrach die beiden vorsichtig und fragte höflich nach, ob sie ein paar Impressionen aufnehmen dürfe und deutete auf ihre Kamera. Leible grummelte, „Wenn's denn sein muss ..."

Auf einem überladenen Zeichentisch türmten sich einige Dutzend Skizzen und Zeichnungen im Stil von Matisse, Picasso und Modigliani. Daneben stand ein Abstelltisch mit einer Reihe von Zeichnungen im Stil von Mink. Sie waren allesamt unsigniert. Als sie im Atelier alles, was nach Mink aussah, durchfotografiert hatte, unterbrach sie das Gespräch der beiden nochmals und fragte, ob sie sich vielleicht irgendwo die Hände waschen könnte. Leible nickte in Richtung Flur und antwortete unwillig, „ganz hinten rechts".

Jetzt hatte sie freie Bahn. Luc würde ihn, wie verabredet, im Atelier festnageln und sie konnte sich in Ruhe umsehen. Im Flur kam sie an mehreren großformatigen Gemälden im Stil von Matisse, Cézanne und Monet vorbei. Hinter der Eingangstür stand ein flaches Paket. Einen Hinweis auf den Empfänger gab es nicht.

Neben dem Bad befand sich die Küche. Die Tür war nur angelehnt. Eine komplett eingerichtete Fälscher-Küche, staunte sie, als sie das Licht eingeschaltet hatte. Genau, wie bei Hebborn beschrieben. Hebborns `Kunstfälschers Handbuch´ hatte sie vor kurzem von Luc ausgeliehen und in einem Zug verschlungen.

Hier gab es alles, was man brauchte, um Gemälde, Zeichnungen und Grafiken in wenigen Stunden um Jahre oder gar Jahrhunderte altern zu lassen: Ein riesiger Gastronomie-Backofen, verschiedene Schüsseln mit Resten von eingetrocknetem Eigelb und Eiweiß, daneben Eierschalen, eine Flasche Leinöl und ein breiter Pinsel. Neben der Spüle stand eine Flasche Olivenöl und eine Schüssel mit einer bräunlichen Flüssigkeit, auf der sich allerlei Staub- und Farbpartikel abgesetzt hatten. Ein paar tote Eintagsfliegen trieben auf der trüben Suppe. Schwarzer Tee oder Kaffee, vermutete sie. Beides wird bei Papierarbeiten gern zur Erzeugung einer schönen Patina verwendet. Neben der Schüssel lagen eingetrocknete, bräunlich verfärbte Schwämme, die wohl zum Auftragen der Flüssigkeit gedient hatten.

Eilig fotografierte sie ein paar interessante Details dieses ungewöhnlichen Küchen-Stilllebens und schlich zurück auf den Flur. Lucs Gespräch mit Leible war immer noch im Gange - sie war offenbar die geborene Moderatorin. Immer wieder gelang es ihr, das Gespräch mit dem wortkargen Mann anzuheizen.

Der Raum neben der Küche war zwar verschlossen, der Schlüssel hing aber an einem Haken neben der Tür. Sie schloss vorsichtig auf, während sie nochmals nach nebenan horchte. Sie öffnete die Tür, drehte das Licht an und trat ein.

Der Raum stand voll mit Gerätschaften aller Art, unter anderem einem riesigen Hightech-Kopierer, einer Druckerpresse und einem Leuchttisch. An der Wand standen Regale mit allen erdenklichen Leinwänden und Papiersorten, in den Farbtönen gelb bis jungfräulich weiß.

Im Gegensatz zum Atelier und der Küche herrschte hier eine geradezu peinliche Ordnung und Sauberkeit. Auf einem Pult stand ein Beamer, der auf die rückwärtige Wand des Raums ausgerichtet war. Offenbar wurden hier Bilddaten an die Wand gebeamt und dann eins zu eins auf eine an die Wand getackerte Leinwand übertragen.

Luc und Leible waren immer noch in ihr Gespräch vertieft. Sie schauten nicht einmal auf, als Hanna eintrat. Sie nahm nun ebenfalls einen Block zur Hand und schritt die an den Wänden hängenden Bilder langsam ab. Hinter einem großen Arbeitstisch war ein Dutzend Bilder an die Wand gelehnt, die meisten waren erst halbfertig.

Schon bemerkenswert, was er alles drauf hat und wie souverän er jeden Stil meistert, dachte sie mit ehrlicher Bewunderung. Vor ihr stand ein Bild im Stile Corots, daneben eine romantische Rheinlandschaft. Weiter hinten eine großformatige Schweizer Berglandschaft im Stil des frühen Hodler. Dann gab es noch ein paar perfekt nachempfundene Picasso- und Matisse-Gemälde.

Einige wenige Bilder trugen die krakelige Signatur von Maler Leible, die meisten aber waren unsigniert. In einem windschiefen Regal neben dem Fenster erkannte sie schon von weitem das Werkverzeichnis von Maurizio Mink. Der Zustand des Einbands sprach von einer intensiven Nutzung. Das Buch fiel fast auseinander.

Das Gespräch verlief inzwischen zunehmend schleppend. Hanna machte Luc hinter Leibles Rücken das vereinbarte Zeichen, dass sie alles im Kasten hatte.

„Ich bin wirklich beeindruckt, wie sicher Sie sich zwischen den unterschiedlichsten Stilen bewegen", meinte Hanna, als sie zu den beiden trat. „Diese Zeichnungen hier sind besonders gut gelungen. Besser hätte Mink sie nicht malen können", sagte sie und wies auf den Stapel Zeichnungen im Stil des frühen Mink. Der Anflug eines Lächelns huschte über das verhärmte Gesicht des Malers. „Ja, ich habe da so etwas wie eine Gabe, das haben schon viele gesagt", antwortete er mit einem Hauch von Stolz in der Stimme.

„Es gäbe da noch etwas, was ich gern wissen würde. Diese Frage hat aber nichts mit unserem Interview zu tun", meinte Luc fast beiläufig, als sie Brille, Block und Stift einpackte. „Hat Ihnen eigentlich schon einmal jemand ein unmoralisches Angebot gemacht? Wenn man beispielsweise einen Mink wie diesen hier nähme", sagte sie und wies auf den großen, unsignierten Mink an der Wand, „und ihn mit einer echt aussehenden Mink-Signatur auf den Markt brächte, wäre das Bild dann nicht auf einen Schlag die eine oder andere Million wert? Hat Ihnen vielleicht schon einmal einer Ihrer Kunden so etwas vorgeschlagen?"

Leible richtete sich abrupt auf und warf ihr einen vernichtenden Blick zu. „Ich weiß nicht, was Sie meinen. Und jetzt raus, und zwar sofort", knurrte er verärgert. Ohne ein weiteres Wort scheuchte er die beiden mit einer unwilligen Handbewegung aus seinem Atelier.

32.

„Allzu viel konnte ich ihm leider nicht entlocken. Jedes Mal, wenn ich das Thema Mink auch nur angetippt habe, hat er dicht gemacht. Er hat mir übrigens erzählt, dass er im Schnitt zwei bis drei Bilder pro Monat verkauft. Natürlich nur saubere Kopien, versteht sich, also Bilder mit seiner eigenen Signatur. Für ein Bild nimmt er zwischen sechshundert und tausend Euro. Aber davon kann man natürlich nicht leben, geschweige denn eine Familie ernähren."

„Gut, aber das ist ja auch nur der eine Teil seiner Arbeit, der legale. Seine übrigen Geschäfte bringen sicher mehr ein. Und die scheinen nicht ganz schlecht zu laufen. Du hättest seine kleine , feine Druckanstalt sehen sollen. Und ein derartiger finanzieller Aufwand wäre für seine legalen Kopien sicher nicht nötig gewesen", meinte Hanna.

„Wahrscheinlich ist das alles nur auf Pump finanziert. Selbst wenn er jeden Monat ein paar Fälschungen verkauft, wird er damit keine exorbitanten Summen verdienen. Kleine Fische wie Leible werden im Allgemeinen nur mit ein paar Tausendern abgespeist. Den Riesenschnitt machen die Zwischenhändler, Berater, Kunsthändler und all die anderen sinistren Gestalten auf dem Kunstmarkt. Wie überall sonst wird auch hier erst am Ende der Kette so richtig abgesahnt."

Zurück in Basel lud Hanna die Fotos hoch und präsentierte ihre Ausbeute.

„Schon erstaunlich, was man mit ein paar Küchen-Geräten und Lebensmitteln so alles anstellen kann", meinte Pia und pfiff anerkennend.

„Und seht ihr dieses Gefäß mit den Farbspuren? Darin werden keine Küchenkräuter gemörsert, sondern Pigmente. Erfahrene Fälscher mörsern hin und wieder ein wenig Farbpigment auf. Das mischen sie unter die modernen Farben und erzielen damit im Allgemeinen sehr schöne Ergebnisse. Zumindest fallen Kunstkäufer immer wieder gerne darauf rein", fügte Luc hinzu.

Nachdem sie sich durch alle Details geklickt und Hannas Fotos ausgiebig gewürdigt hatten, fragte Pia schließlich, „Und, wie geht es jetzt bei euch weiter?"

„Ich weiß nicht so recht", meinte Luc unschlüssig. „Leibles Fax zufolge soll die Bestellung ja bald abgeholt werden. Am liebsten würde ich morgen Nachmittag noch einmal nach Weil fahren. Morgen ist Freitag, und freitags geht Hessler normalerweise schon um zwölf Uhr ins Wochenende. Nach vier Stunden Fahrt wäre er am späten Nachmittag hier und säße nach vier Stunden Rückfahrt wieder gemütlich bei Weib und Kindern in seinem Mohndorfer Eigenheim. Es besteht natürlich auch die Möglichkeit, dass er die Bilder durch einen Kurier abholen lässt. Ich glaube allerdings nicht, dass er dieses Risiko eingeht. Er würde damit eine Spur zu Leible legen, die ihn irgendwann Kopf und Kragen kosten könnte. Glaubt mir, er wird persönlich kommen."

Hanna nagte nervös an ihrer Unterlippe. Luc hatte recht, und die Aussicht darauf, Hessler in flagranti zu erwischen, war zu verlockend.

33.

Um sieben Uhr waren sie mit Pia in der Bar des Kunstmuseums verabredet. Wenig später stieß noch eine Arbeitskollegin aus ihrer Redaktion dazu.

„Das ist meine Kollegin Ines. Sie verfolgt seit ein paar Monaten eine Spur zu einer Reihe verdächtiger Minks hier in der Schweiz. Daher die Idee, euch heute Abend zusammenzubringen", meinte Pia, als sie die drei miteinander bekannt machte.

Ines berichtete, wie sie auf den Fall aufmerksam geworden war: Ein Händler hatte ihrem Mann, einem Kunstsammler, vor einigen Monaten eine Reihe von Minks angeboten. Ihr Mann hatte direkt abgewunken: Unseriös, so sein Kommentar. Sie hatte die Sache aber im Auge behalten.

Ein paar Wochen später war ihr eine Annonce in einer Schweizer Tageszeitung aufgefallen, in der sechs ʻTop-Minksʼ angepriesen wurden. Interessenten sollten sich über eine Chiffre mit dem Anbieter in Verbindung setzen. Im Gespräch mit anderen Sammlern brachte sie dann in Erfahrung, dass es sich bei dem Anbieter um denselben Händler handelte, der auch ihren Mann kontaktiert hatte. Sie rief ihn an, gab sich als Kunstvermittlerin aus, die für einen Kunden ein Angebot zusammenstellte, und versuchte, ihn ein wenig auszuhorchen. Der Händler ließ sich entlocken, dass seine Bilder aus Minks ehemaligem Haus in Norditalien stammten. Zu allen Bildern existierten Expertisen von Doktor Reismann-Stilz, erklärte er ihr mit einem fast ehrfürchtig klingenden Unterton.

„Das ist ja interessant. Dann würden sie ja aus derselben Quelle stammen wie die Bilder, die gerade nach Mohndorf verkauft werden", warf Luc erstaunt ein.

Pia und Ines sahen sie fragend an.

„Reismann-Stilz verkauft zur Zeit sechs Bilder nach Mohndorf, die - zumindest vorgeblich - ebenfalls aus Minks Haus in Italien stammen", erklärte Hanna.

„Ich denke, wir sollten uns diese Bilder einmal ansehen." Sie dachte einen Moment lang nach. „Ja, das könnte klappen. Ich werde noch einmal bei diesem Händler nachhaken", meinte sie, „und behaupten, dass mein Mann nun doch Interesse an dem einen oder anderen Bild hat. Ich rufe ihn morgen Vormittag an und frage ihn, ob er uns kurzfristig sein Mink-Sortiment vorführen kann. Ich bin sicher, er beißt an. Ich hatte bei unserem letzten Telefonat den Eindruck, dass er unter einem ziemlich starken Verkaufsdruck steht."

„Dann schauen wir mal, was er uns Schönes auftischt. Vielleicht hat er noch ein paar der geklauten Bilder aus Mohndorf im Koffer. Als Bonusmaterial gewissermaßen", meinte Pia lachend.

34.

„Interessante Neuigkeiten von Ines. Aber lass uns erst einmal nach einem Parkplatz schauen, dann erzähle ich dir in Ruhe, was sie herausgefunden hat."

Kurz darauf war ein passender Parkplatz in der Ladezone einer Gärtnerei gefunden. Von hier aus hatten sie die Straße und Leibles Haus im Blick.

Ines hatte den Händler also wie geplant angerufen, berichtete Luc. Als sie andeutete, dass sie und ihr Mann möglicherweise doch an einem seiner Minks interessiert seien, überschlug er sich geradezu vor Dienstfertigkeit. Selbstverständlich könne er seine Ware präsentieren, jederzeit, natürlich, auch heute Abend.

„Dieser Händler, er heißt übrigens Microgazzo, hat Ines gegenüber erneut betont, dass er die Bilder direkt von Reismann-Stilz hat", fuhr Luc fort. „Das Ganze laufe ohne Zwischenhändler und daher könne er die Bilder auch so unschlagbar günstig anbieten. Was auch immer das bedeuten mag. Nach dem Telefonat mit Microgazzo hat sie dann mit einigen Anrufen in Erfahrung gebracht, um wen es sich bei dem Anbieter handelt: er ist Italiener, Anfang sechzig und erst seit kurzem als fliegender Händler unterwegs. Bis vor zwei Jahren hat er eine ominöse Stiftung geleitet, die aber offenbar vorrangig der Geldwäsche diente und irgendwann aufflog."

„Scheint ja ein entzückender Zeitgenosse zu sein. Er würde hervorragend zu den Mohndorfern passen", kommentierte Hanna.

„Ines meinte übrigens noch, dass sich ihr Mann gerade auf Geschäftsreise befindet. Somit haben wir Microgazzo heute Abend ganz für uns."

„Wir lassen uns die Bilder wie bei einer Tupper-Party vorführen?" fragte Hanna grinsend. „Wie dekadent. Ich sehe uns schon auf einem Nobel-Sofa sitzen, gelangweilt Nüsschen knabbern und Cocktails schlürfen, während dieser Typ versucht, uns seine falschen Minks mit ihrer 1A-Besenkammer-Provenienz anzudrehen."

Lange tat sich nichts. Gelegentlich fuhr ein Kunde auf den Parkplatz, lud einige Paletten Pflanzen oder ein paar Sack Erde ein und verschwand wieder. Luc und Hanna dösten und plauderten träge vor sich hin. Gegen fünf Uhr fuhr schließlich ein wohlbekanntes Gefährt die Straße entlang. Der Wagen hielt direkt vor Leibles Haus.

„Jetzt haben wir ihn", flüsterte Luc. Sie schaltete die griffbereit liegende Kamera ein, stopfte ihre Locken unter die Mütze, setzte die schwarze Sonnenbrille auf, stieg aus und ging langsam bis zur Hecke. Sie zoomte den Wagen heran, bis das Kennzeichen gut zu erkennen war. Dann stellte sie auf Videofunktion um. Sie ging langsam die Zufahrt hinunter und wechselte die Straßenseite. Hessler öffnete das Gartentor und ging auf die Eingangstüre zu. Er läutete und wurde eingelassen. Luc ließ die Kamera laufen, bis die Tür sich hinter ihm geschlossen hatte.

„Teil eins der Mission ist erfüllt", meinte sie, als sie sich wieder in den Autositz fallen ließ. Hanna überprüfte als erstes die Qualität der Aufnahmen und murmelte, dass wohl alles im Kasten sei.

„Wenn er gleich mit seiner Ware unter dem Arm wieder rauskommt, wird er womöglich vorsichtiger sein. Ich schätze, es wäre klüger, wenn wir uns dann mit Fotos von hier oben zufriedengeben. Mit dem Zoom sollte es eigentlich ganz gut klappen", meinte Luc.

Schon wenige Minuten später kam Hessler mit mehreren flachen Paketen unter dem Arm aus dem Haus. Er verstaute sie im Kofferraum und zündete sich die unvermeidliche Zigarette an. Er sah noch einen Moment auf die vor ihm liegende Beute herab, bevor er einstieg und davonfuhr.

„Es ist leider kein eindeutiger Beweis dafür, dass er sich falsche Minks abgeholt hat. Schließlich könnte er sich auch ein paar hübsche Rheinlandschaften für sein heimisches Wohnzimmer besorgt haben. Im Moment ist es erst einmal ein weiteres Puzzle-Stück, das vielleicht irgendwann einmal wichtig werden könnte."

Hanna nickte. Sie empfand eine leise Genugtuung. In den letzten Tagen hatte sie es gewagt, Dinge zu tun, die sie sich noch vor Wochen nicht einmal hätte träumen lassen. Sie, das scheue Reh, hatte ein Fälscheratelier ausbaldowert, die Sitzung einer kriminellen Vereinigung abgehört und heute auch noch dazu beigetragen, einen der Täter in flagranti zu erwischen ...

„Und jetzt kommt der angenehme Teil des Tages", unterbrach Luc ihren angenehm dahinplätschernden Gedankenstrom. „Wir haben noch eine gute Stunde Zeit, um uns umzuziehen und ein wenig aufzudonnern. Immerhin sollten wir als standesgemäße Freundinnen einer Sammlergattin durchgehen", meinte sie gut gelaunt, als sie den Motor anließ. „Eins ist sicher, wir werden uns heute Abend ganz prächtig amüsieren."

35.

In der Zufahrt des Anwesens stand ein heruntergekommener weißer Transporter, der so gar nicht zu der exklusiven Umgebung passen wollte. Ines öffnete ihnen und begrüßte sie mit einem Augenzwinkern.

„Er ist schon da", flüsterte sie. Sie lotste die drei an Microgazzo vorbei in den hinteren Teil des Wohnzimmers. Der Mann wollte mit einem devoten Lächeln auf sie zustürzen, aber Ines gebot ihm mit einer knappen Geste Einhalt. Die drei Freundinnen nickten kurz in seine Richtung und folgten ihrer Gastgeberin gelassen plaudernd zum anderen Ende des Wohnzimmers, wo sie auf einer futuristischen Sitzlandschaft Platz nahmen.

Microgazzo trug einen speckigen, verknautschten Anzug, aus dem er wohl schon seit einigen Jahrzehnten herausgewachsen war. Das spack sitzende Hemd war aus der Hose gerutscht und legte seinen voluminösen, schwarzbehaarten Bauch frei. Er war gerade dabei, die Minks unter lautem Schnaufen aus ihren Verpackungen zu schälen. Als schließlich alle sechs Bilder an der Wand lehnten, blieb er unschlüssig stehen, zog ein fleckiges Taschentuch aus der Hosentasche, schnäuzte sich und blickte sich fragend um. Dann wischte er sich das schwitzende Gesicht nochmals ab.

„Hallo, ’tschuldigung", rief er mitten in die Unterhaltung der jungen Frauen, „ich ... ääh ... muss mich mal frisch machen." Ines erhob sich, ging einen Schritt auf ihn zu und erklärte ihm mit gedämpfter Stimme, wo sich die Gästetoilette befand.

Sobald er den Raum verlassen hatte, griff Luc ihre Kamera und fotografierte die an der Wand aufgereihte Ware im Eiltempo durch. Hanna assistierte, indem sie die Bilder anhob und wendete, so dass Luc auch die Rückseite und die Signatur aufnehmen konnte.

Pia hatte sich im vorderen Bereich des Wohnzimmers postiert. Von hier hatte sie den Flur im Blick und konnte Luc vorwarnen, sobald der Mann die Gästetoilette wieder verließ. Er war nicht der Typ, der sich mit Händewaschen aufhielt, insofern war Eile angesagt. Kurz darauf ertönte das vereinbarte Zeichen, Pias leiser Pfiff. Als Microgazzo das Wohnzimmer betrat, saßen die vier jungen Frauen auf dem Sofa, als wäre nichts geschehen, plauderten und nippten an ihren Cocktails.

„Die kleine Präsentation hier wird nicht lang dauern", meinte Ines mit einem liebenswürdigen Lächeln zu ihren Freundinnen. „Ihr müsst entschuldigen, aber ich konnte es terminlich leider nicht anders einrichten."

Microgazzo stand jetzt wieder vor seiner Ware und trat unbehaglich von einem Bein aufs andere.

Die Hausherrin ging auf ihn zu, blieb aber aus olfaktorischen Gründen in einem ausreichend großen Abstand stehen. Sie stellte ihm Fragen zur Herkunft der Bilder und zu den dazugehörigen Expertisen. Dann deutete sie auf eines der Bilder und meinte, dieses dort sei ihr persönlicher Favorit. Sie müsse aber selbstverständlich noch mit ihrem Mann Rücksprache nehmen. Microgazzo solle ihr zunächst einmal Fotos, Titel, Maße und die Expertisen mailen.

Microgazzo begann erneut zu transpirieren. Wieder musste er sich das Gesicht mit seinem Taschentuch abwischen.

Ines wich mit leichtem Schaudern einen weiteren Schritt zurück. Mit kühler Geschäftsmäßigkeit fragte sie ihn dann, was denn ihr Favorit kosten sollte. Microgazzo blickte verunsichert und nervös zu den Freundinnen auf dem Sofa. Die schienen aber völlig in ihr Gespräch vertieft zu sein und beachteten ihn nicht weiter.

„Vier Millionen Franken", presste er heiser hervor.

„Ein mehr als stolzer Preis", parierte Ines. „So werden wir ganz gewiss nicht handelseinig."

Microgazzo stand wie ein dummer Schuljunge mit hängenden Armen vor ihr. „Vielleicht drei?" flüsterte er.

„Auch das ist ein Fantasiepreis", gab sie frostig zurück.

„Aber was meint ihr", fragte Ines ihre Gäste in einem bewusst aufgeräumten Ton. „Kommt doch mal rüber und schaut euch die Bilder an. Ich finde, dieses hier würde gut in unsere Sammlung passen."

Microgazzo wischte sich bei diesen Worten erneut die Schweiß-perlen von der Stirn und wich zurück, als die drei jungen Frauen sich um ihre Gastgeberin scharten, um die Bilder gemeinsam zu begutachten.

„Also gut, wir bleiben in Kontakt. Und denken Sie bitte daran, mir die Unterlagen möglichst bald zukommen zu lassen. Wir ha-ben immer gern das gesamte Angebot schriftlich vor uns, bevor es ans Entscheiden geht. Dann vertagen wir uns jetzt", beschloss sie das Gespräch.

„Während Sie Ihre Bilder einpacken, darf ich mich weiter um

meine Gäste kümmern. Danke für Ihr Kommen, wir hören von-
einander."

Microgazzo nahm nervös eine zerknautschte Visitenkarte aus
seiner Hosentasche, um sie ihr zu reichen. Ines bat ihn kühl, sie auf
der Kommode im Windfang abzulegen. Sie ignorierte die schwarz
behaarte Pranke, die er ihr entgegenstreckte und nahm wieder im
Kreise ihrer Freundinnen Platz.

Wenig später war alles verpackt und Microgazzo empfahl sich.
Die Tür fiel hinter ihm und seinen sechs falschen Minks ins
Schloss.

„Das war filmreif, Ines", lachte Luc und ließ sich in das weiche
Sofa sinken. „Wenn man nicht wüsste, was dieser Typ so alles auf
dem Kerbholz hat, könnte er einem fast leid tun."

„Der braucht euch ganz sicher nicht leid zu tun. Das ist ein ganz
gerissenes Subjekt. Er gibt sich nur so devot, weil er uns ein paar
Millionen für seine falschen Minks abknöpfen will. Ich bin mal gespannt, ob er mir die Dokumentation auch wirklich schickt oder ob
es ihm zu heiß wird, die Karten auf den Tisch zu legen."

„Gut, dass wir Fotos gemacht haben. Wer weiß, vielleicht tau-
chen ja genau diese Bilder demnächst in Mohndorf auf - falls er das
Zeug hier nicht los wird."

„Schickt mir doch bei Gelegenheit einmal eine Liste der Bilder,
die aus eurem Museum gestohlen worden sind. Es wäre doch möglich, dass sie früher oder später hier in der Schweiz wieder auftau-
chen."

36.

`Diebstahl im Museum´ lautete der Aufmacher des Mohndorfer Anzeigers. `Museumsleiter stellt Diebesgut sicher´ stand unter dem Foto, das Kurator Hessler mit einem kleinen Mink in den Händen zeigte.

Hanna starrte ungläubig auf den Zeitungsartikel, der ihr anonym zugesandt worden war. Der Leiter der Mink-Abteilung habe den Diebstahl des kostbaren Gemäldes in letzter Minute verhindern können, stand dort zu lesen. Die Volontärin des Museums, Hanna Meyer, hatte erst wenige Tage zuvor ihren Job gekündigt. Offenbar habe sie sich an ihrem letzten Arbeitstag noch ein Souvenir einstecken wollen, lautete der Kommentar von Direktor Hessler. Er selbst habe die Polizei auf die richtige Spur gesetzt und so die Rückführung des gestohlenen Werks ermöglicht.

Sie las Luc den Artikel mit vor Zorn bebender Stimme vor. „Bestellter Rufmord", kommentierte Luc knapp. „Dieser Typ ist wirklich das Letzte. Du solltest die Sache mit einem Anwalt besprechen."

„Ach, Luc, was soll ich mit einem Anwalt. Nein, ich muss versuchen, mit diesen Vereinsbonzen zu verhandeln. Daran wird kein Weg vorbei führen. Ich muss sie untertänigst darum bitten, den Sachverhalt öffentlich richtigzustellen. Im Gegenzug werde ich mich dazu verpflichten müssen, ein ewiges Schweigegelübde abzulegen ..."

„Tu dir das nicht an", versuchte Luc ihre Freundin umzustimmen. „Du glaubst doch nicht im Ernst, dass sie ihrem Amigo in den Rücken fallen und zugeben, dass das Ganze nur eine niederträchtige Intrige war. Du bist für diese Leute nicht mehr als ein Insekt, das man aus Spaß im Vorübergehen zertrampelt. Diese Leute besitzen nicht einen Funken Anstand, das weißt du doch so gut wie ich. Dieser `Diebstahl´ ist nicht zufällig gerade jetzt, nach deiner Kündigung, inszeniert worden. Sie wollen dich desavouieren, dich nachhaltig unglaubwürdig machen. Für den Fall, dass irgendwann publik wird, was sie dort so alles treiben. Du hast einfach zu viel mitbekommen in den letzten Monaten."

„Und trotzdem, ich muss es versuchen, Luc. Ich kann sonst jede neue Bewerbung vergessen."

Schon wenige Tage später wurde ihr ein Termin übermittelt. Sie sollte sich am kommenden Mittwoch um 12:30 Uhr in der Vorstandsetage der Koblenzer Volkskasse einfinden. Sie wurde von einer Sekretärin am Empfang abgeholt und zum Vorstands-Speisesaal begleitet. Als sie den vier grauen Männern gegenüberstand, wurde ihr schlagartig klar, dass Luc recht gehabt hatte. Sie würde sich hier nur eine weitere Demütigung abholen.

Schlächter, Maschke, Stupisevic und Borkamp hatten es sich am luxuriös gedeckten Tisch im Speisesaal bequem gemacht. Sie waren zum Lunch verabredet und hatten Hanna ganze fünf Minuten für ihr Gnadengesuch zugestanden. Wie es aussah, wollten sie sich einen Spaß daraus machen, der kleinen Volontärsmaus beim Betteln um Gnade zuzusehen.

Schlächter hing breitbeinig und mit einer vollgesabberten Zigarre im Mundwinkel in einem XL-Sessel, den man speziell für ihn an den Esstisch geschoben hatte. Maschke mit seinem ranzigen Dauergrinsen saß ihm gegenüber. Neben Schlächter saß Borkamp, kerzengerade aufgerichtet, und starrte mit eiskaltem Gesichtsausdruck ins Leere. Ganz hinten rechts duckte sich der verschlagene Stupisevic vor ihrem Blick weg. Sie scannte die vier Gestalten in Sekundenschnelle in allen Einzelheiten, während sie wie ferngesteuert auf sie zuging. Ihr Kopf war leer. Sie wusste nicht mehr, was sie hatte sagen wollen.

„Dat Frolleinschen mit der kriminellen Energie soll uns erst mal artisch `Juten Tach´ sagen, und dann, wat se jenau von uns will." Der ölige Maschke fand Schlächters Begrüßung offenbar sehr originell und schüttelte sich aus vor Lachen.

Hanna blieb in einem Abstand von zwei Metern Entfernung zum Tisch stehen. Das Herz schlug ihr bis zum Hals. Sie konnte die Augen nicht von Schlächter abwenden: Jeder mafiöse Deal, jede Intrige, jeder Puffbesuch, jedes seiner Fressgelage und jedes Besäufnis hatte sich tief in seine vulgären Gesichtszüge eingebrannt. Sein rechter Unterschenkel steckte in einer Prothese.

„Zucker", meint er grölend, als er ihren Blick sah. „Isch han et mir eben immer rischtisch jut jehen lassen. Mer muss doch jenuch Substanz am Leib haben, damit mer beim jüngsten Jerisch auferstehen kann und der Herrjott einen nit übersieht, harharha."

Maschke gab erneut vor, sich prächtig über diese bestimmt schon hundert Mal gehörte Einlage seines Kollegen zu amüsieren und ließ seine gebleachten Kauleisten blitzen.

Borkamp meinte in schneidendem Ton und ohne auch nur in Hannas Richtung zu blicken, dass sie jetzt endlich zur Sache kommen möge. Er und die anderen Herren hätten heute noch Wichtigeres zu tun. In Hannas Kopf herrschte weiter absolute Funkstille.

Derweil wurde von vier livrierten Lakaien der Lunch hereingetragen. Schlächter hatte einen penetrant riechenden Sauerbraten bestellt und orderte nach einem kurzen prüfenden Blick prophylaktisch nach. „Noch sepperaat enen jroßen Teller mit Braatkartoffeln, ewwer flott."

Maschke hatte etwas Fischiges in einer rosa Tunke bestellt, Borkamp ein blutiges Steak und gedünstetes Gemüse. Stupisevics Wahl sah nach einer Dalmatica-Platte aus. Einer der Bediensteten schenkte reihum Wein ein. Schlächter kippte sein Glas in einem Zug runter und kühmte laut auf.

„Also los, vorwärts. Was wollen Sie", drängte Borkamp nochmals in einem Ton, der ihr das Blut in den Adern gefrieren ließ.

„Die Kleine braucht jaar nix zo saagen", polterte Schlächter dazwischen, „mer wisse doch schon alles. Sie hat wat aussem Museum mitjehen lassen. Enen Mink, un dann ooch noch enen eschten."

Er schüttelte sich aus vor Lachen, bis Borkamp ihm einen strafenden Blick zuwarf. „Wor ja nur en kleijner Scherz. Also, erst het se jekündischt, und dann het se noch schnell wat jeklaut. Dat ham wer järn."

Hanna versuchte, sich zusammenzureißen, sich zu erinnern, sich zu konzentrieren, aber ihr Kopf blieb leer. Was hatte sie sagen wollen? Dann fiel es ihr wieder ein. Das Ganze sei ein Missverständnis und sie habe nie ein Bild angerührt, geschweige denn eines gestohlen.

„Ich wollte Ihnen erzählen, was wirklich ...", begann sie. Aber Schlächter fiel ihr sofort ins Wort. „Dä Hessler het verzällt, dat do herumschnüffelst, dat do un die andere, diese Lampert, dat ihr unserem schönen Museums-Projekt schadet."

Er schaufelte gierig ein paar hochbeladene Gabeln Bratkartoffeln in sich hinein. Speichel und Fett liefen an seinem schlecht rasierten Kinnladen herunter. „Frollein, wir machen disch derart fertisch, dat du et nur weißt. Isch werde disch zerquetschen wie ene Laus, wenn von euren Schnüffeleien auch nur ein einzijet Wort nach draußen dringt. Is dat klar", drohte er lautstark.

Er schippte sich eine weitere Gabel, vollbeladen mit Fleisch, in den Schlund, malmte das Ganze einmal durch und schlang die Brocken geräuschvoll herunter. Mit einem Glas Wein spülte er laut schlürfend nach. Und schon verschwand die nächste Schaufel in seinem aufgerissenen Maul. Die Hälfte ging daneben, prallte an seinem Wanst ab und fiel zu Boden. Einer der Vorstands-Sklaven eilte herbei und wollte die Brocken aufheben. Schlächter riss sich die Serviette, die er sich in den Kragen gestopft hatte, mit einer wütenden Geste ab und schlug den Mann damit weg.

„Nisch jezz", sabberte er mit vollem Mund.

„Ich denke, Sie haben verstanden. Sie und Frau Lampert stehen unter scharfer Beobachtung. Wir sind über Ihre Aktivitäten im Bilde", stieß Borkamp eisig und mit unbewegter Miene aus.

Maschke widmete sich derweil in aller Ruhe seiner rosa Heringspampe. Er war einer von der Sorte, die sich nur ungern selbst die Finger schmutzig machen. Schlächter schnäuzte sich geräuschvoll in die Serviette, nachdem er gerade ein großes Stück Fleisch heruntergewürgt hatte.

Der Gegenverkehr in Schlund und Luftröhre bekam ihm nicht. Sein Kopf lief dunkelrot an und er begann zu husten und zu würgen. Die beiden Lakaien eilten erneut herbei und standen ratlos neben dem röchelnden Fleischberg.

Keiner der Vorstands-Kollegen verzog auch nur eine Miene. Offenbar war man an derartige Szenen gewöhnt.

Ihr Denken wurde langsam wieder klarer. Wie hatte sie hier nur so etwas wie Anstand oder Fairness erwarten können? Sie sammelte sich und sagte leise, das alles sei wohl ein Missverständnis. Sie drehte sich um und verließ den Vorstands-Speisesaal ohne ein weiteres Wort.

Als sie wieder an der frischen Luft war, hatte sie das dringende Bedürfnis nach einem starken Kaffee, um den Sauerbraten- und Heringsgestank wieder aus der Nase zu bekommen. Sie setzte sich in das nächstbeste Café und rief Luc an, um ihr zu berichten, was vorgefallen war.

„Keine schöne Erfahrung", meinte Luc mitfühlend. „Aber machen wir uns nichts vor. Es war nichts anderes zu erwarten. Das sind Kriminelle und sie machen jeden platt, der ihnen gefährlich werden könnte. Und wie es aussieht, haben sie irgendwie mitbekommen, dass wir ihnen auf den Fersen sind."

37.

Piero Toroni, Minks ehemaliger Assistent, hatte Luc den Tipp gegeben, bei Gelegenheit vielleicht einmal Minks Nichte anzusprechen. Sie wohne in der Nähe von Aachen und sei nicht nur eine reizende und kultivierte Person, sondern von Beruf ebenfalls Kunsthistorikerin. Sie habe Interessantes über Minks letzten Sommer, das Haus in Imperia und Reismann-Stilz zu berichten. Er versprach, ihr ein Briefchen zu schreiben, um Lucs Anruf und Besuch anzukündigen.

Nach der Rückkehr aus Basel rief Luc sie an und vereinbarte einen Besuchstermin für das kommende Wochenende.

Bei Tee und Gebäck berichtete sie Luc und Hanna von Minks letzten Monaten. In jenem Sommer sei es ihm von Tag zu Tag schlechter gegangen, er war kaum mehr wiederzuerkennen. Die Ursache waren ihrer Meinung nach weniger seine altersbedingten Gebrechen als vielmehr die Tatsache, dass er systematisch von allem, was ihm lieb und teuer war, abgeschottet wurde.

„Nein, abgeschottet ist nicht das richtige Wort", korrigierte sie sich, „sie haben ihn regelrecht weggesperrt."

Minks alte Freunde aus dem Dorf, aber auch sie selbst wurden nicht mehr zu ihm vorgelassen. Auch an Reismann-Stilz erinnerte sie sich gut. „Äußerlich war er völlig unscheinbar. Ein dünner und nervöser Mensch war das, ohne jede Kultur und Manieren. Aber er hatte die Fähigkeit, Menschen auf Knopfdruck zu umgarnen und zu hofieren. Das tat er natürlich nur, wenn er sich einen Nutzen davon versprach. Wenn er das Gegenüber hingegen als nicht nutzbringend oder sogar als mögliche Konkurrenz einstufte, war er von einer absolut schneidenden Kälte und Arroganz. Genauso schnell switchte er dann auch wieder zurück: Hatte er sich eben noch als absolutes Scheusal geriert, so setzte schlagartig ein unerträglich süßes Zirpen und Charmieren ein, wenn mein Onkel den Raum betrat. Es war, als hätte man einen Schalter umgelegt. Er sprudelte dann nur so vor Komplimenten, öligen Scherzen und Schmeicheleien. Mein Onkel war zu diesem Zeitpunkt leider schon zu krank, um die Berechnung hinter diesem Theater zu begreifen.

Während er sich in den Jahren zuvor nur selten in Imperia hatte blicken lassen, wich er in den letzten Monaten nicht mehr von der Seite meines Onkels. Seit seinem Schlaganfall belauerte er ihn wie ein Geier und biss alle, die er für Konkurrenz hielt, systematisch weg. Wir mussten diesem Treiben ohnmächtig zusehen. Was hätten wir auch tun sollen? Mit Minks Gattin hatte Reismann-Stilz natürlich die denkbar beste Verbündete an seiner Seite. Auch sie hatte nur das eine Interesse: Möglichst viel Geld aus der Sache zu schlagen und sich dann so schnell wie möglich davon zu machen. Und als mein Onkel tot war, schwang sich Reismann-Stilz zum Nachlassverwalter auf. Erst einmal sorgte er allerdings dafür, dass es gar keinen nennenswerten Nachlass mehr gab. Der war nämlich mit Minks Tod wie vom Erdboden verschwunden. Ein Testament wurde natürlich auch nicht gefunden.

In den folgenden Jahren platzierte er Mink geschickt am Markt. Er organisierte Ausstellungen, zauberte immer wieder neue Bilder aus dem Ärmel und drehte sie vermögenden Sammlern an.“

Sie schenkte Luc und Hanna etwas Tee nach. „Wir nannten ihn schon damals immer den `Rumpelstilz´. Wie der Zwerg im Märchen hat er diese ungewöhnliche Gabe, Stroh zu Gold zu spinnen", fuhr sie fort. „Dazu kam sein garstiges Wesen und die krächzende Stimme - und fertig war der Rumpelstilz."

„Stroh zu Gold?" fragte Hanna. „Wie meinen Sie das?"

„Wir müssen uns doch nichts vormachen. Mein Onkel malte ganz passabel, aber er war nun wirklich kein bedeutender Künstler. Und das wusste natürlich auch Reismann-Stilz. Aber er hat ihn mit derselben Cleverness und Beharrlichkeit gekapert und dann in den Markt gedrückt, wie Marketing-Profis es mit einem beliebigen Produkt machen, das in der Käufergunst nach ganz oben gepusht werden soll. Über die Medien hat er sein immer gleiches, schwülstiges Kunsthistoriker-Salbadern abgesondert, und zwar derart penetrant, bis ihm schließlich fast jeder geglaubt hat, dass Mink ein ganz Großer, ein Jahrhundertkünstler, sei. Zur gleichen Zeit hat er sich intensiv im Kunsthandel und in der Museumsszene getummelt und dort den Boden für das große Abkassieren bereitet. Dieser `Betätigungs-Dreiklang´ gilt als hochgradig unseriös, wie Sie wissen. Kein auch nur halbwegs seriöser Kunsthistoriker würde ein Museum, ein öffentlich finanziertes zumal, derart hemmungslos als Showroom und Anbrüt-Station für seine Verkaufsdeals benutzen wie er. Aber er war da immer völlig schmerzfrei. Er hatte sich das Monopol auf Mink gesichert und das sollte nun die Kasse klingeln lassen."

38.

Es war kein Geheimnis, dass die öffentliche Verwaltung, Politik und Justiz in einem Umkreis von mindestens zweihundert Kilometern rund um Mohndorf mit korrupten Handlangern der sogenannten Freunde und Förderer des Museumsvereins durchsetzt war. „Hier in der Region brauchen wir es nicht mal versuchen. Aber vielleicht würde es Sinn machen, einmal eine überregionale Stelle anzusprechen. Diskret natürlich, zum Beispiel über einen Anwalt", meinte Luc. Nach langen Diskussionen stimmte Hanna schließlich zu, einen Versuch zu wagen.

Schon wenige Tage später führte ihr Anwalt ein erstes Telefonat mit einem auf Kunst-Delikte spezialisierten Kommissar aus einem benachbarten Bundesland. Der Grund für die Kontaktaufnahme sei ein bislang unentdeckter Kunstraub in einem Museum, gab er an. An diesem Haus würden zudem Fälschungen eingeschleust, vorgeblich Leihgaben aus einer Privatsammlung, die nach ihrem Museumsaufenthalt höchstbietend verkauft wurden.

Der Kriminalbeamte wurde insbesondere bei der Erwähnung der falschen Leihgaben hellhörig. Er war in den letzten Monaten einer Reihe von vergleichbaren Fällen auf die Spur gekommen: Einige Dutzend Fälschungen waren als Leihgaben in verschiedene Museen eingebracht und von dort aus als vorgeblich saubere Ware - nun mit einer erstklassigen Museums-Provenienz ausgestattet - zu sechs- bis siebenstelligen Summen weiterverkauft worden.

Wiederholt ließ der Beamte anfragen, ob die beiden bisher anonym gebliebenen Zeuginnen nicht doch zu einem vertraulichen

Gespräch bereit wären. Luc und Hanna willigten schließlich ein.
Mit der Nennung des Ortes des Geschehens wäre ihre Identität sowieso über kurz oder lang leicht zu knacken gewesen. Das Gespräch dauerte schließlich geschlagene vier Stunden. Luc legte unter anderem ihre Aufnahmen des nächtlichen Bilder-Austauschs
sowie der Beiratssitzung vor, erfuhr aber zu ihrem Erstaunen, dass
ihre Beweismaterialien vor Gericht keinen Bestand haben würden.

Die Polizei würde in dieser ersten Phase zunächst nur Informationen verwenden, die mit dem aktuellen Fall, den Fälschungen
aus der sogenannten Hausers-Sammlung, in Zusammenhang standen. Ermittlungen zum Raub und Austausch der Originale wurden
vorläufig zurückgestellt.

Es gab eine interessante Vorgeschichte zu den den Hausers-Fälschungen. Sie waren seit fast zwei Jahrzehnten sehr erfolgreich gelaufen, nur einige der Bilder hatten sich in den letzten Jahren aufgrund ihrer schlechten Qualität und nebulösen Provenienz als
schwer verkäuflich erwiesen. Mehrere Käufer hatten die Bilder sogar wieder umgetauscht, nachdem ihnen Zweifel an der Echtheit
gekommen waren. Vor etwa zwei Jahren waren die vorgeblichen
Sammler-Enkelinnen dann auf die Idee gekommen, dass ein mehr-
monatiger Aufenthalt der Bilder in gewissen kooperativen Museen
sich als äußerst hilfreich beim Verkauf ihrer Fälschungen erweisen
könnte. Und tatsächlich: Bei Bildern mit Museumsprovenienz stellten die Kunden keine lästigen Fragen mehr, zahlten jeden geforderten Preis, und Reklamationen gab es auch nicht mehr.

Ein Teil der Ermittlungsergebnisse im Fall Hausers war einige
Wochen später in der Presse nachzulesen. Es war von mehreren

Dutzend Fälschungen die Rede, die dank der ˋGastfreundschaft´ verschiedener ˋkooperativer´ Museen und Auktionshäuser in kürzester Zeit zu bedeutenden Meisterwerken der Klassischen Moderne avanciert waren. Eine Zeitung berichtete, dass es den Ermittlern überdies gelungen sei, eine Reihe von Schwarzgeld-Konten in Liechtenstein, den Caymans und Andorra zu enttarnen, über die die schmutzigen Geschäfte der Fälscher, Experten und ihrer übrigen Partner abgewickelt worden waren. Man konnte sogar nachvollziehen, nach welchem Schlüssel die Gewinne aus dem Verkauf der Fälschungen untereinander aufgeteilt worden waren.

Am Ende gelang es Reismann-Stilz, der die Hausers-Bilder in das Mondorfer Museum geschleust hatte, aber auch bei anderen Museen als Mittelsmann fungiert hatte, wieder einmal, sich mit faulen Ausreden aus der Affäre zu winden. Mit theatralischem Gewese erklärte er in mehreren Zeitungsinterviews, er sei nur ein armes Opfer der bösen Hausers-Bande. Er habe ganz ehrlich geglaubt, dass es sich um völlig unbedenkliche Ware handele. Er sei ja so schrecklich getäuscht worden. Das arme Opfer hatte allerdings erwiesenermaßen seit fast zwei Jahrzehnten aktiv daran mitgewirkt, einer großen Zahl von Fälschungen eine saubere Provenienz zu verpassen: Er war es gewesen, der die Kontakte zu den Museen, Vereinen und Stiftungen hergestellt hatte, in denen die Bilder dann angebrütet wurden. Und er hatte die Dokumente, die die ˋEchtheit´ der Bilder testieren sollten, ausgestellt.

Für seine vielfältigen Dienstleistungen war er von der Bande über die Jahre sehr großzügig entlohnt worden, wie die polizeilichen Ermittlungen ergaben. Die Einkünfte aus all seinen Geschäften landeten im übrigen auf seinem Schweizer Nummernkonto.

39.

Die Ermittlungsergebnisse wurden einige Monate später in einer an Absurdität kaum zu überbietenden Gerichtsverhandlung vor die Wand gefahren. Der Anwalt der Fälscherbande samt Staatsanwalt und Richter lieferten dem staunenden Prozessbeobachter ein Schauspiel der besonderen Art. Die beiden Vertreter von Recht und Gesetz erwiesen sich als etwa so unabhängig wie mafiagesteuerte Schwarzroben in Neapel oder Palermo. In nicht-öffentlichen Hinterzimmer-Gesprächen überzeugte der Täter-Anwalt die Vertreter des `Rechtsstaats´, kurzen Prozess zu machen und die Sache ohne Zeugenanhörungen und den übrigen lästigen Aufwand noch am selben Tag abzuschließen.

So geschah es dann auch. Es gab einen `Deal´. Die Hausers-Fälscher gestanden pro forma einige der sowieso schon nachgewiesenen Fälschungsdelikte und kamen mit einer lächerlich geringen Bewährungsstrafen davon. Damit war die Akte geschlossen. Auch die Ermittlungsergebnisse zu den Umtrieben des Herrn Doktor Reismann-Stilz und seiner Kooperation mit dem Mohndorfer Netzwerk konnten in die Tonne getreten werden: Die fast hundert benannten Zeugen wurden nicht gehört, wichtige Beweise nicht gewürdigt. Die Chance, den Fälscher-Ring und das weitverzweigte kriminelle Netzwerk zu knacken, war vertan.

Die Robenträger zogen nach ganzen zehn Minuten Verhandlung im Eilschritt ab, Täter-Anwalt und seine Mandanten umarmten sich, Handys wurden gezückt, Fotos geschossen und lautstarke Telefonate geführt, um den übrigen Tätern und Helfershelfern zu übermitteln, dass man straffrei aus der Sache raus war.

Luc war fassungslos. Ein Gerichtsreporter, der neben ihr saß, klärte sie auf: Das Verfahren sei tatsächlich beendet. Zehn Minuten, das sei schon ein gewisser Rekord, grinste er lässig. Die Richter hätten eben keine Lust auf ein Verfahren mit lästigem Aktenstudium, langen Sitzungen und langwierigen Zeugenanhörungen, so seine Einschätzung.

„Der Golfplatz hat gerufen, verstehen Sie? Die meisten Richter verbringen ihre Nachmittage lieber auf dem Golfplatz als in der Amtsstube beim öden Aktenstudium. Sie lassen sich daher vor der Verhandlung gern vom Täter-Anwalt respektive der meistbietenden Partei `beraten´, wie das Ganze abgekürzt werden kann."

„Ich wüsste nur zu gern, wie hoch der Inhalt des Umschlags gewesen ist, der bei dieser kleinen `Beratung´ überreicht wurde", meinte Luc. Ein nicht geringer Teil stammt mit Sicherheit aus Mohndorf, fügte sie in Gedanken hinzu. Die Bande wird sich die Einstellung des Verfahrens Einiges haben kosten lassen.

Unsere Justiz ist ein einziger schäbiger Witz, dachte sie angewidert, als sie das Gerichtsgebäude verließ. Korrupt bis ins Mark. Und wieder einmal hatte das Netzwerk auf ganzer Linie gesiegt.

40.

„Luc, bist du online? Dann geh doch mal auf die Seite vom Pfälzer Anzeiger. Ich bin gerade über eine Eilmeldung aus Mohndorf gestolpert. Offenbar ist gestern Nacht der Mink-Flügel abgebrannt. Die Sammlung soll dabei vollständig zerstört worden sein."

Luc holte tief Luft. „Ich hole dich in einer Stunde ab. Wir sollten uns das Ganze vor Ort ansehen."

„Ein Feuer und das am Tag nach der Gerichtsverhandlung? Das kann doch kein Zufall sein. Lass uns noch mal überlegen: Bei der Verhandlung ging es einzig und allein um die Hausers-Fälschungen. Diese befinden sich jetzt im Gewahrsam des LKA. Die Mohndorfer mussten nicht einmal erklären, wie und warum sie sich diese Fälschungen überhaupt ins Haus geholt haben. Das Thema ist also durch. Unsere Freunde müssten eigentlich glücklich und zufrieden sind. Immerhin sind sie mehr als glimpflich davongekommen. Es gibt aber einen Zusammenhang zwischen dem Termin gestern und dem Feuer, davon bin ich überzeugt.

Vielleicht hilft uns die berühmte `cui bono´-Frage weiter. Angenommen, das Feuer hätte sich nicht selbst entfacht, die Brandmelder wären nicht per Zufall ausgefallen und das Ganze wäre auch nicht rein zufällig am Tag nach dem Gerichtstermin passiert. Nehmen wir also an, rein theoretisch natürlich, es war Brandstiftung gewesen. Was könnte wen-auch-immer dazu veranlasst haben, so etwas zu tun? Wem nutzt es, dass die Sammlung jetzt zerstört ist? Gab es im Museum etwas, das verschwinden musste?"

„Na ja, immerhin hingen bis gestern acht Fälschungen im Museum. Fälschungen, von denen außer den Tätern, uns beiden, der Restauratorin und dem Kommissar bisher niemand etwas wusste. Ist das brisant genug?"

Luc nickte. „Es könnte gut sein, dass die Bande einen Tipp bekommen hat, dass sich der eifrige Kommissar demnächst auch diese Bilder vorknöpfen wird. Möglicherweise ist auch etwas von unserem Beweismaterial durchgesickert."

„In diesem Fall hätten Hilberz und Co. natürlich sofort alle Hebel in Bewegung gesetzt, um einer Enttarnung zuvorzukommen. Wäre nämlich publik geworden, dass im Museum anstelle der Prachtbilder nur Falschware hängt, wäre es eng geworden. Einige Millionen Euro, die sich einfach so entmaterialisiert haben, das hätte manch einen der Herren in ziemliche Erklärungsnöte gebracht ..."

„Das dürfte keine sehr erfreuliche Perspektive gewesen sein. Die Bande hätte dann nur die Wahl gehabt, die Originale entweder umgehend wiederzubeschaffen und sie zurück an ihren angestammten Platz zu hängen - oder aber sämtliche Beweise für den Austausch zu vernichten. Die zweite Option ist wohl nicht nur kostengünstiger, sondern war vor allem auch deutlich schneller umzusetzen, nehme ich an."

Mit einer kleinen Gruppe Schaulustiger standen sie wenig später vor den Überresten des abgebrannten Museums-Flügels. Von einer Anwohnerin erfuhren sie, dass das Feuer wohl kurz vor Mitternacht ausgebrochen war, seltsamerweise aber erst eine Stunde später gemeldet wurde. Zu diesem Zeitpunkt konnte nur noch verhindert werden, dass es auf die stadtgeschichtliche Sammlung übergriff.

„Ja, haben die denn keine Rauchmelder im Museum?" fragte eine ältere Dame aus der Runde.

Luc und Hanna blickten sich an. „Sie hat recht", flüsterte Luc. „Rauchmelder gab es, und zwar im gesamten Haus. Und sie waren direkt bei der Feuerwehr aufgeschaltet."

„Dann muss jemand die Schaltung deaktiviert haben, anders kann ich mir das nicht erklären. Die Feuerwehr sollte offenbar erst anrücken, als schon alles niedergebrannt war", meinte Hanna.

„Der Plan der Bande ist jedenfalls voll aufgegangen. Die Herrschaften in Verein, Beirat und Museum bleiben unbehelligt. Die Originale bleiben, wo immer sie sich jetzt befinden mögen. Dasselbe gilt für die Millionen, die man mit ihrem Verkauf `verdient´ hat. Besser hätte es eigentlich gar nicht laufen können. Wäre das alles nicht so erbärmlich, müsste man diese Leute fast dafür bewundern, wie clever sie sich wieder einmal aus der Affäre gezogen haben."

41.

Hessler wirkte an diesem Tag noch aufgedunsener und gelber als sonst. Er saß in der für ihn typischen Sandsack-Körperhaltung im Vernehmungszimmer und rauchte Kette.

Er wurde mit diversen Unterlagen und Fotos zur Brandnacht konfrontiert, hörte und sah sich alles an und zuckte nur gelegentlich unbeteiligt mit den Schultern. Es sei bekannt, dass er sich in den letzten Wochen des öfteren nachts im Museum aufgehalten habe, deutete der Beamte an. Man wollte nun konkret von ihm wissen, was er und Reismann-Stilz in der Brandnacht im Museum zu suchen hatten. Er schwieg. Es wurden Fragen zu Kaczmareks und Reismann-Stilzens Tod gestellt.

Er beantwortete sie mit einem Satz, den ihm offenbar sein Anwalt eingebläut hatte: „Ich habe nichts damit zu tun. Das sind alles nur bösartige Verleumdungen.“

Schließlich nahm der Beamte zwei Schriftstücke zur Hand und begann, sie Hessler vorzulesen. Das erste enthielt den Wortlaut des von Luc mitgeschnittenen, nächtlichen Streits zwischen Hessler und Kaczmarek. Der Beamte meinte, dass er ihm auch das Video der Tatnacht vorspielen könne, wenn Hessler das denn vorzöge. Hessler verlor für einen kurzen Moment die Fassung. Aber er fing sich schnell wieder und schüttelte den Kopf. Er habe nie Streit mit Kaczmarek gehabt, man habe sich immer ganz hervorragend verstanden. Da wolle ihn jemand verleumden. Außerdem seien diese Aufnahmen gerichtlich nicht verwertbar.

Beim zweiten Schriftstück, das ihm vorlegt wurde, handelte es sich um eine Zeugenaussage des großen Landrats. Dieser hatte sich am Abend nach dem Feuer bei der Polizei gemeldet und folgende Aussage zu Protokoll gegeben: Er mache spätabends meist noch einen kleinen Spaziergang durch den Park. In der Brandnacht habe er Hessler zusammen mit Reismann-Stilz vor dem Mink-Flügel gesehen. Es habe Streit gegeben, Hessler habe Reismann-Stilz bedroht. Die beiden seien dann gemeinsam ins Museum gegangen. Er habe sich noch gewundert, was sie um diese Zeit dort zu suchen hatten, fügte Hilberz hinzu. Vom Feuer und dem Ableben seines geschätzten Kollegen, des Herrn Generaldirektor Reismann-Stilz, habe er erst am nächsten Tag erfahren. Er habe einen festen Schlaf und vom Feuerwehreinsatz nichts mitbekommen.

Hessler saß ein paar Sekunden wie versteinert da. Dann entglitten ihm die Gesichtszüge. Es war wie das Abbröckeln einer Maske. Erst begann der Blick zu flackern, dann gab die angespannte Kiefermuskulatur nach und der Unterkiefer sackte ab. Die Wangenknochen traten spitz hervor. Man konnte förmlich dabei zusehen, wie es in ihm arbeitete. Hilberz' Aussage hatte er es also zu verdanken, dass er hier war und vernommen wurde. Aber warum lieferte er ihn ans Messer? Hatte er nicht alles für das Netzwerk getan? War nicht nur dank seines unermüdlichen Einsatzes alles so gut gelaufen? Und Hilberz hatte ihm doch die Anweisung gegeben, nun auch noch die restlichen Beweise zu vernichten. Warum war man denn nicht mit ihm zufrieden?

Seine Augenlider zuckten heftig. Dann begann er wilde, unzusammenhängende Anschuldigungen auszustoßen. Er sei missbraucht worden, krächzte er heiser. Er habe nur getan, was von ihm verlangt wurde. Hilberz sei doch in der Brandnacht mit ihnen gemeinsam im Museum gewesen. Und Hilberz sei es gewesen, der den Streit mit Reismann-Stilz vom Zaun gebrochen habe. Hilberz habe das Feuer gelegt, nicht er. Er sei nur das Opfer.

„Damit hat er sich wohl wirklich sein eigenes Grab geschaufelt. Selbst wenn es stimmt, dass Hilberz der Drahtzieher war - er hätte besser geschwiegen. Der Verein hätte ihn doch auch dieses Mal wieder herausgehauen", kommentierte Hanna, als sie aus wohlunterrichteten Kreisen von Hesslers Auftritt erfuhren.

„Er hat nicht begriffen, welche Rolle ihm in dem Spiel zugedacht war. Diesen größenwahnsinnigen Hilberz anzuschwärzen war auf jeden Fall das Dümmste, was ihm einfallen konnte."

42.

Hessler verschwand für einige Wochen von der Bildfläche. Es wurde kolportiert, dass er zwecks Stabilisierung seines Gesundheitszustands in eine Klinik eingewiesen worden war. Das Feuer im Museum, die Vernichtung der Sammlung und der Tod des Herrn Generaldirektor, all das hätte ihn schwer traumatisiert, hieß es. War das nur ein cleverer Schachzug seiner Anwälte, um ihn aus der Schusslinie zu nehmen?

Nach seiner Entlassung und nach ausführlicher Beratung durch die Anwälte des Vereins widerrief er seine Aussagen in Bezug auf Hilberz. Er sei von den Beamten zu dieser Aussage gedrängt worden, behauptete er. Konkrete Beweise für seine oder Hilberz' Täterschaft gab es wohl nicht, es wurde aber auch diesmal nicht ernsthaft ermittelt.

Im Anschluss wurde seine Frühpensionierung in die Wege geleitet. Hilberz höchstpersönlich setzte sich dafür ein. Warum ihn der ehemalige Beirats-Freund so unbarmherzig abservierte, blieb Hessler ein Rätsel. Gut, er hatte sich vielleicht einige Male etwas ungeschickt angestellt. Er hätte sich nicht von diesen Praktikantinnen erwischen lassen sollen. Er hätte Kaczmarek und die Abteilungs-Leiterin auf eine elegantere Art und Weise aus dem Weg räumen sollen.

Er begriff aber nicht, dass all das nicht der wirkliche Grund für die scharfe Reaktion seiner alten Freunde war. Für Hilberz und Konsorten war nur eines absolut unannehmbar, und das war, den

Ehrenkodex zu verletzen. Das eherne Gebot des Netzwerks lautete, niemals und unter keinen Umständen einen der Vorstände durch wie auch immer geartete Aussagen oder Handlungen in eine unangenehme Lage zu bringen.

Bei jeder seiner früheren aus dem Ruder gelaufenen Verfehlungen hatte sich Hilberz persönlich für ihn stark gemacht und die Sache wieder glattgebügelt. Hilberz konnte jedes Mal erfolgreich vermitteln, dass es sich bei den Vorkommnissen nur um lästige, kleine Missverständnisse handelte. Ein paar Hintergrundgespräche hier, der eine oder andere wohlgefüllte Umschlag da, überreicht an die guten Freunde bei den diversen Behörden, und schon wurden die Ermittlungen eingestellt und alles war wieder in Ordnung. Aber die neuesten Vorkommnisse hatten den Ruf des Vereins und insbesondere des Vorstand doch ein wenig lädiert. Es war durchgesickert, dass der große Landrat nicht nur etwas mit dem undurchsichtigen Hausers-Fälschungs-Deal, sondern sogar mit der Brandstiftung und dem Tod des Herrn Generaldirektor zu tun haben könnte. Kurz: Hessler war nicht mehr tragbar.

Selbstverständlich existierte der Museumsverein auch nach der Brandkatastrophe weiter, wenn auch ohne Museumsgebäude, Reismann-Stilz, Hessler und die Minks. Es gab noch genügend andere, lukrative Geschäfte auf der Agenda, die diskret unter dem Deckmantel des Vereins abgewickelt werden konnten und für die man weder Museen, Kunst noch Kuratoren brauchte.

43.

„Konfrontation mit dem Trauma-Auslöser nennt man das wohl", meinte Hanna, als sie einige Monate später ein letztes Mal gemeinsam nach Mohndorf fuhren. Die Geschehnisse des vergangenen Winters hatten sie fast ein Jahr lang umgetrieben. Jetzt war es Zeit, das Kapitel abzuschließen.

Sie blieben einen Moment vor dem Areal des abgebrannten Mink-Flügel stehen. Die Schuttreste waren abgeräumt und das Gelände war einplaniert worden. Es gab einen neuen Hausmeister. Er schraubte gerade an der Eingangstür zum stadtgeschichtlichen Flügel herum und schaute nur kurz hoch, als sie eintraten.

Sie folgten der handgeschriebenen Ausschilderung ʹNeuerwerbungen Minkʹ durchs Museum, bis sie in einer Nische vor ein paar eher schäbig wirkenden Minks ankamen. Das also waren sie, die neuen Bilder, die die Presse so vollmundig als Grundstock für die neu entstehende Mink-Sammlung angekündigt hatte. Das war das berühmte sechsteilige Besenkammer-Konvolut, das vorgeblich aus Minks ehemaligem Wohnhaus stammte und für das der Steuerzahler sechs Millionen berappt hatte.

Am Vortag hatte die Lokalzeitung vermeldet, dass die Bilder nun endlich aus Italien eingetroffen seien und ab heute der Öffentlichkeit präsentiert würden. Die Pressemitteilung des Vereins war von der lokalen Presse wie üblich wortwörtlich übernommen worden. Kein Kommentar zu den ungeklärten Todes- und Betrugsfällen, kein Wort zu den Hausers-Fälschungen, kein Wort zu den Gerüchten zum Raub der Originale oder der Brandkatastrophe.

Am Abend mailten sie Minks ehemaligem Assistenten Piero Toroni die Fotos der Neuzugänge. Er hatte sich anerboten, zu prüfen, ob es sich bei den Besenkammer-Bildern möglicherweise um einige der verschollenen Bilder aus Minks Atelier handeln könnte.

Die Antwort kam postwendend: Dieses traurige Gepinsel könne nicht von Mink stammen, so Toroni. Er habe die Bilder auf den Abbildungen aber sicherheitshalber noch einmal sorgfältig mit den Minks auf seinen alten Fotos verglichen. Es hätten sich allerdings keine Übereinstimmungen mit den verschwundenen Originalen aus dem Nachlass feststellen lassen.

„Wieder nur kreuznormale Fälschungen ...", meinte Luc enttäuscht.

„Immerhin bestücken sie die neue Sammlung von Anfang an konsequent mit Fälschungen - damit es später nicht zu lästigen Verwechslungen kommt", spottete Hanna.

Inzwischen waren die Gerüchte um den Fälscher-Skandal immer weiter abgeebbt. Das ausgebremste Gerichtsverfahren und die Brandkatastrophe hatten dazu beigetragen, dass auch die letzten Mutmaßungen, die sich hartnäckig gehalten hatten, ins Leere liefen. Der Nachruf auf Reismann-Stilz war längst verklungen und die gesamte Angelegenheit geriet zunehmend in Vergessenheit. Das Netzwerk hielt die Presse aber sicherheitshalber weiter fest im Würgegriff. Irgendwann erschien ein Artikel in einer überregionalen Zeitung, der Fragen zur Verwicklung Mohndorfs in den Hausers-Skandal stellte. Er blieb ohne jede Resonanz. Der Redakteur wurde mundtot gemacht und von Hilberz und Konsorten mit einstweiligen Verfügungen überzogen.

Bei Mohndorfs politischer Opposition gab es einen kurzen Aufschrei angesichts der im Artikel beschriebenen Ausmaße des Amigo-Netzwerks. Aber letztlich waren wohl auch Teile der Opposition in den Skandal verstrickt und so kehrte schon bald die für Mohndorf so typische dumpfe Ruhe wieder ein.

„Im Moment lassen sie noch ein wenig Gras über die Sache wachsen. Aber du wirst sehen, bald wird wieder alles laufen wie bisher", meinte Luc. „Sie werden allenfalls in Sachen Personalauswahl einen Tick vorsichtiger sein, nach dem Reinfall mit uns beiden … Ansonsten ist das Geschäftsmodell viel zu gut, um irgend etwas daran zu ändern. Es sind zwar ein paar Köpfe gerollt, aber das betraf nur die zweite und dritte Garnitur. Die eigentlichen Strippenzieher, diese ganz spezielle Sorte von Kleinstadt-Bankern und Provinz-Politikern, die machen unbeirrt weiter, egal was kommt.

Zu allem Überfluss lassen sich genau diese Leute als große Kulturförderer und als die kulturelle Elite der Region feiern. Man schiebt sich untereinander Aufsichtsratspöstchen, Ehrendoktor-Titel und alle möglichen Verdienstorden und Preise zu. Die Eitelkeit der schäbigen, alten Böcke darf noch einmal kurz aufleben und das Netzwerk bekommt dank all der Ehrungen zumindest nach außen hin so etwas wie einen seriösen Anstrich. Was wiederum einiges in Sachen Mittelbeschaffung bei den anstehenden Projekten erleichtert …"

„Es hilft alles nichts. An solchen mafiösen Strukturen haben sich schon ganz andere als wir die Zähne ausgebissen. Es gibt nur eins: Abhaken und das Ganze unter Lebenserfahrung verbuchen.

Wir werden das Schauspiel aus angemessener Entfernung weiter beobachten und aktiv werden, wenn sich die Gelegenheit ergibt. Und die wird sich ergeben, da bin ich mir sicher."